Christian Haußer

Amerikanisierung der Arbeit?

Deutsche Wirtschaftsführer und Gewerkschaften
im Streit um Ford und Taylor (1919-1932)

Christian Haußer

AMERIKANISIERUNG DER ARBEIT?

Deutsche Wirtschaftsführer und Gewerkschaften
im Streit um Ford und Taylor (1919-1932)

ibidem-Verlag
Stuttgart

Bibliografische Information der Deutschen Nationalbibliothek
Die Deutsche Nationalbibliothek verzeichnet diese Publikation in der Deutschen Nationalbibliografie; detaillierte bibliografische Daten sind im Internet über http://dnb.d-nb.de abrufbar.

Bibliographic information published by the Deutsche Nationalbibliothek
Die Deutsche Nationalbibliothek lists this publication in the Deutsche Nationalbibliografie; detailed bibliographic data are available in the Internet at http://dnb.d-nb.de.

∞

Gedruckt auf alterungsbeständigem, säurefreien Papier
Printed on acid-free paper

ISBN-10: 3-89821-920-8
ISBN-13: 978-3-89821-920-4

© *ibidem*-Verlag
Stuttgart 2008

Alle Rechte vorbehalten

Das Werk einschließlich aller seiner Teile ist urheberrechtlich geschützt. Jede Verwertung außerhalb der engen Grenzen des Urheberrechtsgesetzes ist ohne Zustimmung des Verlages unzulässig und strafbar. Dies gilt insbesondere für Vervielfältigungen, Übersetzungen, Mikroverfilmungen und elektronische Speicherformen sowie die Einspeicherung und Verarbeitung in elektronischen Systemen.

All rights reserved. No part of this publication may be reproduced, stored in or introduced into a retrieval system, or transmitted, in any form, or by any means (electronical, mechanical, photocopying, recording or otherwise) without the prior written permission of the publisher. Any person who does any unauthorized act in relation to this publication may be liable to criminal prosecution and civil claims for damages.

Printed in Germany

Inhalt

1. Einleitung — 9

2. Amerika, Wirtschaft und Arbeit in den zwanziger Jahren — 17

   2.1. Faszination 'Amerika' — 17

      2.1.1. 'Das amerikanische Wirtschaftswunder' — 20

      2.1.2. Unter der Parole des 'Amerikanismus' — 30

   2.2. Der Verteilungskampf: Wirtschaftliche und soziale Spannungsfelder — 35

      2.2.1. Die Unternehmer im Ringen um die 'freie Wirtschaft' — 39

      2.2.2. Die Freien Gewerkschaften in der Defensive — 50

3. Ford und Taylor in der Diskussion — 63

   3.1. Die Rationalisierungsdebatte nach dem Krieg — 63

   3.2. Die Wirtschaftsführer — 71

   3.3. Die Freien Gewerkschaften — 82

4. Schluss — 97

5. Quellen- und Literaturverzeichnis — 107

   5.1. Quellen — 107

   5.2. Literatur — 110

Zum Entstehen dieser Arbeit hat nicht zuletzt auch Herr Prof. Dr. Anselm Doering-Manteuffel beigetragen, dem hier endlich gedankt sei. Während der Tübinger Jahre waren die Gespräche mit Hans-Klaus Keul eine ebenso lehrreiche wie anspruchsvolle Abwechslung, die das Studium glücklicherweise überdauert hat. Für die Unterstützung zum Schluss danke ich meiner Schwester Katrin; meinen Eltern für die Möglichkeit, die Arbeit überhaupt zu beginnen.

Stuttgart, im Sommer 2008   Christian Haußer

Schon wieder dieses Amerika! Daß Sie davon nicht loskommen können!
(Hans Land, Der neue Gott)

1. Einleitung

Kurz nach der Jahrhundertwende machte im Jahre 1903 Ludwig Max Goldberger, Bankier und einflussreicher Vertreter des 'Vereins Berliner Kaufleute und Industrieller', seine Landsleute auf die USA und deren ungeheures Wirtschaftspotential aufmerksam. Doch gegenüber seiner wirkungsvollen Arbeit als Fürsprecher der Berliner Wirtschaft fiel das Interesse an seinem Werk über 'Das Land der unbegrenzten Möglichkeiten. Beobachtungen über das Wirtschaftsleben der Vereinigten Staaten von Amerika ab'.[1]

Zwanzig Jahre später hatte sich die Situation grundlegend geändert. Amerika war in aller Munde und damit war mehr gemeint als der Raum zwischen New York und San Francisco. Der teilweise grundlegende Wandel in vielen Bereichen des Lebens verlangte nach einer Neuorientierung, die man am besten in dem Land fand, das nun zum Sinnbild für eine neu hereinbrechende Massenzivilisation, noch mehr aber für wirtschaftliche Potenz und Dynamik wurde. Viele der neuen und oftmals fremdartigen Entwicklungen, denen sich die deutsche Gesellschaft nun gegenüber sah, hatten ihren Ursprung in jenen USA, welche die deutsche Kriegsniederlage besiegelt hatten und jetzt so kraftvoll in Erscheinung traten. Der wirtschaftliche Bereich stellte dabei keine Ausnahme dar, im Gegenteil. Es gab wohl kaum ein Gebiet, das so nachteiligen Veränderungen unterworfen war, wie die Wirtschaft. Alles was irgendwie zur Stabilisierung der ökonomischen Situation beitragen konnte, wurde deshalb bereitwillig

---

[1] Ludwig Max Goldberger, Das Land der unbegrenzten Möglichkeiten. Beobachtungen über das Wirtschaftsleben der Vereinigten Staaten von Amerika, Leipzig 1903.

aufgenommen und auf seine Möglichkeiten hin befragt. Dies traf gerade auf Angebote einer effizienteren Gestaltung des Arbeits- und Produktionsprozesses zu, die die Aufmerksamkeit der dafür maßgeblichen Interessenvertreter auf sich zog. Amerikanische Rationalisierungsmethoden standen als 'Fordismus' und 'Taylorismus' dabei im Mittelpunkt des Interesses.

Zunächst wird in dieser Arbeit das Auftauchen Amerikas im öffentlichen Bewusstsein und die Bedeutung der Vereinigten Staaten besonders in ökonomischer Hinsicht für die erste deutsche Nachkriegsgesellschaft erörtert werden. Dabei werden Argumentationsmuster der Amerikanismus-Diskussion jener Jahre vorgestellt und deren Rolle näher bestimmt, vor allem aber die herausragende Stellung, die die USA als Wirtschaftsmacht in dieser Debatte einnimmt. Es wird sich herausstellen, dass ohne den wirtschaftlichen und sozialen Hintergrund, der sodann näher betrachtet werden muss, die anschließende Untersuchung der Diskussion um 'Fordismus' und 'Taylorismus' nur schwer verständlich bleibt. Der zweite Teil beginnt mit einem Abschnitt, der diese Diskussion in die damalige Rationalisierungsdebatte gleichermaßen einordnet wie von dieser trennt, da 'Rationalisierung', 'Fordismus' und 'Taylorismus' nicht nur in der zeitgenössischen Literatur oft synonym verwendet werden. Wird bei der Auseinandersetzung um die Rationalisierung und bei der Schilderung des ökonomischen und gesellschaftlichen Kontextes vor allem auf dazu erschienene Darstellungen zurückgegriffen werden, kommen, nachdem die Zusammenhänge der Debatte erhellt sind, die daran Beteiligten, Wirtschaftsführer auf der einen, Freie Gewerkschaften auf der anderen Seite, selbst zu Wort. Abschließend werden die Ergebnisse dieser Diskussion zusammengefasst und im weiteren Zusammenhang der Amerikanisierung der deutschen Gesellschaft der zwanziger Jahre und darüber hinaus verortet.

Die Rationalisierungsliteratur der zwanziger Jahre war umfangreich. Hierbei ist allerdings zu beachten, dass das, was zur Rationalisierung allgemein gesagt wurde, nur selten für die fordschen und taylorschen Verfahren galt. Deshalb wird nur auf solche Schriften zurückgegriffen werden, die auch wirklich auf genuin amerikanische Arbeitsverfahren verweisen. Die hier untersuchte Kontroverse um 'Fordismus' beziehungsweise 'Taylorismus' spielte sich dabei keinesfalls nur zwischen Gewerkschaften und Unternehmern ab. Die Protagonisten dieses Disputes waren Ingenieure und Ökonomen. Gerade für diese Gruppe wäre eine Untersuchung von besonderer Bedeutung, weil sie in Ford und Taylor jene Modelle besaßen, von denen sie sich die Verwirklichung ihrer technokratischen Visionen, die sich während und nach dem Krieg immer stärker artikulierten, erhofften.[2] Dass hier das Augenmerk trotzdem auf die Debatte zwischen Wirtschaftsführern und Gewerkschaften gerichtet wird, hat seinen Grund darin, dass spätestens mit dem Scheitern der Realisierung des technokratischen Gesellschaftsmodells es diesen Gruppen oblag, sich mit einer eventuellen Praxis der Rationalisierung nach amerikanischem Muster auseinanderzusetzen. Diese Auseinandersetzung findet in vielerlei Aspekten ihren Niederschlag. Im Folgenden soll die Frage nach den unterschiedlichen wirtschaftlichen und sozialpolitischen Interessen, die sich im Lohnproblem kristallisierten — eine Frage die für die gesamte Zeit der Weimarer Republik von elementarer Bedeutung war, aber nie eine Lösung fand —, zeigen, welche konkrete Bedeutung für die Weimarer Gesellschaft das Modell Amerika besaß.[3]

Eine solche Darstellung muss freilich Vorsicht walten lassen. Dies gilt in besonderem Maße für die Gruppe der Wirtschaftsführer, stellen sie doch eine vergleichsweise wenig erforschte Gruppe dar und geben ein genauso heterogenes Bild ab wie die Unternehmen, denen sie vorstanden.[4] Sie repräsentierten die Großindustrie gleicherweise wie kleinere Unternehmen, traditionelle ebenso wie moderne Industrien der verschiedensten Regionen. Auf all diese Detailfragen kann hier jedoch nicht eingegangen werden. Vielmehr werden die Unternehmer als geschlossene Gruppe behandelt, die sie in Wirklichkeit nicht immer waren.[5] Eine weitere

---

2 Siehe zu diesem Thema Charles Maier, Zwischen Taylorismus und Technokratie. Gesellschaftspolitik im Zeichen industrieller Rationalität in den zwanziger Jahren in Europa, in: Michael Stürmer (Hrsg.), Die Weimarer Republik. Belagerte Civitas, Königstein/Taunus 1980; Jeffrey Herf, Reactionary Modernism. Technology, Culture, and Politics in Weimar and the Third Reich, Cambridge u. a. 1984, besonders Kapitel 7.

3 Auf die Bedeutung des Lohnproblems verweist kurz Heinrich Potthoff, Freie Gewerkschaften 1918-1933. Der Allgemeine Deutsche Gewerkschaftsbund in der Weimarer Republik (=Beiträge zur Geschichte des Parlamentarismus und der politischen Parteien, Bd. 82), Düsseldorf 1987, S. 102.

4 Volker R. Berghahn, The Americanisation of West German Industry 1945-1973, Leamington Spa, New York 1986, S. 2-4.

5 Die Beurteilung der Machtverhältnisse innerhalb der Industrie in den zwanziger Jahren ist ein nicht selten diskutiertes Problem. Der vielbemühte Interessenkonflikt zwischen den 'alten' Industrien des Montanbereiches und den 'neuen' der Elektro-

Schwierigkeit liegt in dem Umstand begründet, dass diese Gruppe nicht trennscharf von derjenigen der Ingenieure gesondert werden kann. Besonders stark war diese Verflechtung in den institutionalisierten Rationalisierungsbemühungen der zwanziger Jahre wie dem Reichskuratorium für Wirtschaftlichkeit (RKW).[6] Und viele Ingenieure, die in die USA reisten und von dort berichteten, taten dies im Auftrag der Unternehmen, die sie dorthin geschickt hatten. Häufig aber manifestierte sich gerade in diesen Berichten ein eigenes Standesbewusstsein, das die Rolle des Ingenieurs für die moderne, vor allem von Technik geprägte Welt, hervorhob. Gerade dieser weit über das Ökonomische hinausreichende gesellschaftliche Führungsanspruch war es, der diese Gruppe von den Wirtschaftsführern, für die die Maximierung des Gewinns im Vordergrund stand, unterschied.

Weniger schwierig ist es dagegen, die Gruppe der Gewerkschaften zu bestimmen. Gegenstand dieser Arbeit sind jene Gewerkschaften, die sich im Allgemeinen Deutschen Gewerkschaftsbund (ADGB) zusammenschlossen. Sie waren die mit Abstand mitgliederstärkste gewerkschaftliche Organisation und damit auch die bedeutendste. Darüber hinaus konzen-

---

und Chemiebranche, geht auf den sozialistischen Wirtschaftstheoretiker Rudolf Hilferding zurück; vgl. Harold James, Deutschland in der Weltwirtschaftskrise 1924-1936, Stuttgart 1988, S. 420, Anm. 1. Es spricht aber auch einiges gegen diese Unterscheidung. Sie ist als Definition nicht unproblematisch und es fragt sich zudem, ob angesichts der allgemeinen Stagnation, die beide Gruppen vergleichbar hart traf und ähnlich geringer Zuwachsraten zwischen 1924 und 1929 eine solche Unterscheidung noch sinnvoll ist, siehe hierzu ebd., S. 118-123. Auch hatte beispielsweise eine Verschiebung der Machtverhältnisse im Reichsverband der deutschen Industrie (RDI) zugunsten der sogenannten 'neuen' Industrien keine grundsätzliche Änderung der Haltung in wesentlichen Fragen zur Folge; Heinrich August Winkler, Der Schein der Normalität. Arbeiter und Arbeiterbewegung in der Weimarer Republik 1924 bis 1930 (=Geschichte der Arbeiter und Arbeiterbewegung in Deutschland seit dem Ende des 18. Jahrhunderts), Berlin, Bonn 1985, S. 511.

6 Deutlich wird diese Verflechtung in der Person Carl Köttgens und seines Vorgesetzten Carl Friedrich von Siemens. Siemens stand sowohl dem Siemens-Konzern vor wie dem RKW und beide Male hieß sein Vertreter Köttgen; zu Köttgen siehe Wilfried Feldenkirchen, Siemens 1918-1945, München, Zürich 1995, S. 225f. und Mary Nolan, Visions of Modernity. American Business and the Modernization of Germany, New York, Oxford 1994, S. 60f. Auf die enge Verbindung zwischen Ingenieuren und Wirtschaftsführern in den verschiedenen Einrichtungen, die die Rationalisierung der Wirtschaft fördern sollten, weist auch hin Heidrun Homburg, Rationalisierung und Industriearbeit. Arbeitsmarkt, Management, Arbeiterschaft im Siemens-Konzern Berlin 1900-1939 (=Schriften der Historischen Kommission zu Berlin, Bd. 1), Berlin 1991, S. 256-273.

triert sich diese Arbeit auf die Auseinandersetzung mit Ford und Taylor durch die Freien Gewerkschaften, weil diese auf der Grundlage der Weimarer Wirtschafts- und Sozialverfassung standen und deshalb im Hinblick auf das ökonomische und soziale Geschehen der zwanziger Jahre das größte Gewicht besitzen. Im Unterschied hierzu befand sich etwa die kommunistische Gewerkschaftsbewegung, die alle Rationalisierungskonzepte von einer revolutionären Umgestaltung der Gesellschaft auf politischer Ebene abhängig machte.[7] Die Vielfalt der an ihre Branchen gebundenen Einzelgewerkschaften macht es allerdings schwierig, sie als Stellvertreter einer einheitlichen gewerkschaftlichen Position zum 'Fordismus' und 'Taylorismus' zu sehen.[8] Deshalb werden vor allem Publikationen des ADGB selbst als maßgebliche Institution für gewerkschaftliche Positionen herangezogen werden.[9]

Aus verwandten Gründen muss auch der politische Kontext, in dem sich die ganze Diskussion vollzog, ausgeblendet bleiben, obwohl immer wieder zu Recht betont wird, wie sehr wirtschaftlicher und sozialer Einfluss und politische Macht miteinander verzahnt waren.[10] Vornehmlich die Sozialpolitik, die an dieser Stelle nicht ein System sozialer Absicherung meint, sondern den Interessenausgleich zwischen den sozialen Gruppie-

---

7   Für die kommunistischen Gewerkschaften stand die Frage nach Ford und Taylor immer hinter derjenigen nach dem politischen System, in dem sich diese Rationalisierungsverfahren vollziehen, zurück. Exemplarisch ist hierfür die Schrift des Austromarxisten Otto Bauer, Rationalisierung — Fehlrationalisierung (=Kapitalismus und Sozialismus nach dem Weltkrieg, Bd. 1), Wien 1931. Eine überzeugende Darstellung der kommunistischen Position zu 'Fordismus' und 'Taylorismus' gibt es bisher nicht. Obwohl die Darstellung von Eva Cornelia Schöck, Arbeitslosigkeit und Rationalisierung. Die Lage der Arbeiter und die kommunistische Gewerkschaftspolitik 1920-28, Frankfurt, New York 1977, den Begriff der Rationalisierung im Titel trägt, äußert sie sich nur wenig zu diesem Thema.

8   Elisabeth Schalldach, Rationalisierungsmaßnahmen der Nachinflationszeit im Urteil der deutschen freien Gewerkschaften (=Abhandlungen des wirtschaftswissenschaftlichen Seminars zu Jena, Bd. 21, Heft 2), Diss. Jena 1929, Jena 1930, S. 1 und S. 18f.

9   Zu den wenigen Ausnahmen, die hierbei gemacht werden, gehört insbesondere die Zeitschrift des größten Einzelverbandes innerhalb des ADGB, die Betriebsrätezeitschrift für Funktionäre in der Metallindustrie.

10 Für die Unternehmerseite siehe z. B. Bernd Weisbrod, Schwerindustrie in der Weimarer Republik. Interessenpolitik zwischen Stabilisierung und Krise, Wuppertal 1978, S. 13-28. Eine gelungene Darstellung der Verortung der Gewerkschaften im politischen System und des Verhältnisses zu den Parteien liefert Potthoff, Gewerkschaften, S. 193-305.

rungen, in diesem Fall also Freie Gewerkschaften und Unternehmern, war ein Beispiel dafür.[11] Die Tarifautonomie wurde früh durch Eingriffe des Staates unterlaufen, was mehr Symptom denn Ursache einer unversöhnlichen Frontstellung der Tarifparteien zueinander war. Dies hatte zur Folge, dass die Verantwortung der ökonomischen und sozialen Misere dem Staat oder der Regierung aufgebürdet und damit dem Staat als solchem angelastet werden konnte.[12] Wenn hier also die politische Dimension nicht im Vordergrund steht, dann deshalb, weil eine mögliche Verbesserung der schwierigen ökonomischen Lage der Republik in erster Linie von einem wirtschaftlichen Wachstum abhing.[13] So würde schlussendlich ein Eingehen auf das äußerst vielschichtige Wechselverhältnis von Wirtschaft und Politik das Thema, nämlich amerikanische Arbeitsmethoden in ihrer Wahrnehmung hinsichtlich der wirtschaftlichen Erholung und der Gestaltung der Arbeitsverhältnisse in Deutschland zu befragen, lediglich differenzieren, ohne Wesentliches zur Klärung der Leitfrage der Arbeit beizutragen: Welche Rolle spielten 'Fordismus' und 'Taylorismus' vor dem Hintergrund der sozialen Kämpfe und wirtschaftlichen Zwänge in den zwanziger Jahren?

Diese von den Zeitgenossen diskutierte Frage war dabei nicht bloß mengenmäßig zu beantworten. Neben technischer Aspekte und den ökonomischen Bedingungen einer gelungenen Aufnahme, sofern diese überhaupt erwünscht war, waren sich die Teilnehmer der Diskussion auch

---

11 Zu dieser Bestimmung von Sozialpolitik siehe Volker Hentschel, Geschichte der deutschen Sozialpolitik (1880-1980). Soziale Sicherung und kollektives Arbeitsrecht, Frankfurt/Main 1983, S. 7.

12 Zu Inhaftnahme des Staates für die wirtschaftliche Entwicklung und der damit verbundenen abnehmenden Unterstützung der Republik siehe Klaus Schönhoven, Die deutschen Gewerkschaften, Frankfurt/Main 1987, S. 152; Knut Borchardt, Wirtschaftliche Ursachen des Scheiterns der Weimarer Republik, in: ders., Wachstum, Krisen, Handlungsspielräume der Wirtschaftspolitik. Studien zur Wirtschaftsgeschichte des 19. und 20. Jahrhunderts (=Kritische Studien zur Geschichtswissenschaft, Band 50), Göttingen 1982, S. 183-205, hier S. 187-190. Borchardt prägt an dieser Stelle die treffenden Worte von der 'Politisierung von Verteilungskonflikten' und vom 'politischen Lohn'. Außerdem Weisbrod, Schwerindustrie, S. 27, S. 87 und S. 120; Hans Mommsen, Das Scheitern des Systems der industriellen Arbeitsbeziehungen in der Weimarer Republik, in: Helga Grebing, Hans Otto Hemmer (Hrsg.), Soziale Konflikte, Sozialstaat und Demokratie in Deutschland, Essen 1996, S. 28-40, hier S. 28. Ludwig Preller, Sozialpolitik in der Weimarer Republik, Stuttgart 1949, S. 498.

13 Borchardt, Ursachen, S. 186 und S. 192.

der kulturellen Dimension des Themas bewusst. Bei der Rationalisierung industrieller Fertigungsprozesse à la Ford und Taylor handelte es sich um ein spezifisches, in einem bestimmten Kontext entwickeltes Modell, dessen Übernahme in Deutschland auch eine Übernahme in ein anderes soziales und im weitesten Sinne auch kulturelles Umfeld bedeutete. Mit der Diskussion um 'Amerika' schien das Bewusstsein davon seine angemessene Chiffre zu finden. Die Diskussion um 'Amerika' kreiste dabei neben dem Wort selbst auch um die daraus entstandenen Begriffe des 'Amerikanismus' und der 'Amerikanisierung'. Auseinandersetzungen um Einflüsse von jenseits des Atlantiks in der ersten deutschen Nachkriegsgesellschaft des 20. Jahrhunderts wurden gleichsam natürlich mit beiden Worten auf den Begriff gebracht. Die Forschung hat in jüngster Zeit diese Begriffe aufgenommen und als Instrumente geschichtswissenschaftlicher Analyse zur Untersuchung inter- oder transnationaler Dimensionen vor allem der westdeutschen Geschichte nach 1945 eingesetzt.[14] Scheint also vordergründig an dieser Stelle der Begriff der 'Amerikanisierung' nicht nur erlaubt, vielmehr angebracht, so hat seine Verwendung im Titel im Modus der Frage doch auch seine Berechtigung. Zum Einen deutet die Leitfrage

---

14 In den letzen Jahren ist eine große Anzahl von Arbeiten zu den unterschiedlichsten Themen und auch Epochen der deutschen Geschichte im 20. Jahrhundert im Lichte des Amerikanisierungskonzeptes entstanden, die hier nicht aufgeführt werden sollen. Als überblicksartiger Abriss seien lediglich genannt Anselm Doering-Manteuffel, Dimensionen von Amerikanisierung in der deutschen Gesellschaft, in: *Archiv für Sozialgeschichte* 35 (1995), S. 1-34 sowie Frank Becker, Amerikabild und "Amerikanisierung" im Deutschland des 20. Jahrhunderts, in: Frank Becker, Elke Reinhardt-Becker (Hrsg.), Mythos USA. „Amerikanisierung" in Deutschland seit 1900, Frankfurt, New York 2006, S. 19-47. Auch wenn sich gerade der Begriff der 'Amerikanisierung' als Forschungskonzept etabliert zu haben scheint, greifen die zum Thema erschienenen Arbeiten oft noch mehr auf die Unschärfe des Begriffs zurück, als zu dessen Klärung beizutragen. Auf diese begriffliche Unschärfe weist auch hin Bernd Greiner, "Test the West". Über die "Amerikanisierung" der Bundesrepublik Deutschland, in: Heinz Bude, Bernd Greiner (Hrsg.), Westbindungen: Amerika in der Bundesrepublik, Hamburg 1999, S. 16-54, bes. S. 17ff. und Konrad H. Jarausch, Hannes Siegrist, Amerikanisierung und Sowjetisierung. Eine vergleichende Fragestellung zur deutsch-deutschen Nachkriegsgeschichte, in: dies. (Hrsg.), Amerikanisierung und Sowjetisierung in Deutschland 1945-1970, Frankfurt, New York 1997, S. 11-46, bes. S. 20f. Den einzig wertvollen Vorschlag einer differenzierten Bestimmung von 'Amerikanisierung' und 'Amerikanismus' als Analysegrößen zusammen mit dem Begriff der 'Westernisierung' macht Doering-Manteuffel, Dimensionen und ders., Wie westlich sind die Deutschen? Amerikanisierung und Westernisierung im 20. Jahrhundert, Göttingen 1999, bes. S. 11ff.

der Arbeit bereits das zeitgenössische Problem des 'Ob' an. Die Frage nach der Amerikanisierung der Arbeit bezieht sich aber auch auf den Begriff selbst. Diesen auf die Zeit vor 1945 zu verwenden, ist trotz oder gerade wegen seiner nicht immer scharfen Bestimmung als Untersuchungskonzept nicht unproblematisch. Aus diesem Grund will die Arbeit also nicht nur eine diskursgeschichtliche Untersuchung einer Debatte über produktionstechnische Innovationen sein. Ihr Ziel ist es vielmehr auch, die Tragfähigkeit des Begriffes der 'Amerikanisierung' als Konzept zeitgeschichtlicher Forschung auszuloten, um so nicht nur zur Klärung eines Begriffes, sondern auch eines Ansatzes beizutragen, der nationsüberschreitende Bewegungen der deutschen Zeitgeschichte zu begreifen sucht.

An der Beantwortung der Frage nach der Leistungsfähigkeit von Ford und Taylor wird sich zunächst zeigen, inwiefern in der Auseinandersetzung um Ford und Taylor eine Bewegung zur Entfaltung kam, bei der es vor allem die USA waren, welche das maßgebliche Leitbild für den Weg in die Moderne abgab.[15] Die Diskussion um 'Fordismus' und 'Taylorismus' ist also ein Prüfstein für die Frage nach dem Wesen von Transformationen, welche die deutsche Gesellschaft des 20. Jahrhunderts durchlebte. Welche Rolle spielten dabei die USA als formgebende Kraft und von welchen Größen hing die Wirkung dieser Kraft ab? Nur über diese Frage lässt sich auch Einsicht gewinnen, wie jene vielfältigen inter- oder transnationalen Beziehungen überhaupt angemessen zu fassen sind, innerhalb derer sich gerade die deutsche Gesellschaft des 20. Jahrhunderts zu verorten hatte.

---

15 Im Folgenden werden 'USA' und 'Amerika' synonym verwendet.

2. Amerika, Wirtschaft und Arbeit in den zwanziger Jahren

2.1. Faszination 'Amerika'

> Das Heranwachsen Amerikas zu der grössten Weltmacht ist die bedeutendste politische, soziale und kommerzielle Erscheinung unserer Zeit. Seit vielen Jahren haben wir Alle ihre Bedeutung unklar vorausgeahnt. Doch erst ein Blick auf die tausendfachen Bethätigungen der überquellenden Kraftfülle der Vereinigten Staaten, und der weltumfassende Einfluss, den sie auszuüben beginnen, öffnet diese Erkenntnis für die Wahrheit, dass alle anderen Vorgänge unserer Zeit an Bedeutung hinter diesen zurückstehen.[16]

Mit dieser Wahrnehmung der USA nicht nur als geographischem Raum, sondern als besonderer Zivilisation mit einem eigenständigen politischen, ökonomischen, sozialen und auch kulturellen Profil, verwies der britische Journalist Stead schon kurz nach der Jahrhundertwende auf eine Erscheinung, die nicht zuletzt im Deutschland der ersten Nachkriegszeit Anlass zu einer eingehenden und umfassenden Auseinandersetzung sein sollte: Amerika.[17] Angesichts eines wachsenden amerikanischen Einflusses in Europa und der Welt auf den verschiedensten Gebieten und offensichtlich beeindruckt von der Dynamik der "Kraftmaschine"[18] USA, ließ sich bereits erahnen, dass es eben jenes Amerika sein sollte, welches "die Marschroute des zwanzigsten Jahrhunderts angeben wird."[19] Den zunächst noch unklar gebliebenen Begriff der 'Amerikanisierung' versuchte der deutsche Schriftsteller Paul Dehn näher zu bestimmen. Indem er in ihm neben einer wirtschaftlichen Modernisierung in Industrie, Handel und Landwirtschaft auch eine neue geistige Einstellung erkannte, die sich als das "unablässige, ausschließliche und rücksichtslose Trachten nach Erwerb, Reichtum und Einfluß"[20] manifestierte, deutete sich hier schon ein Grundmuster der Amerikanismus-Diskussion der Weimarer Republik an, das in den USA das Vor-, aber auch das Schreckbild einer eigenen möglichen Zukunft sah.

---

16 W[illiam] T[homas] Stead, Die Amerikanisierung der Welt, Berlin 1902, S. IV.
17 Obwohl als Analyse internationaler politischer Kräfteverhältnisse verfasst, finden dabei auch Religion, Literatur, Kunst, Wissenschaft, Musik und Sport noch vor wirtschaftlichen Aspekten Erwähnung, siehe ebd., S. 115-156.
18 Stead, Amerikanisierung, S. 1.
19 Stead, Amerikanisierung, S. IV.
20 Zitiert nach Otto Basler, Amerikanismus. Geschichte eines Schlagwortes, in: *Deutsche Rundschau* 224 (1930), S. 142-146, hier S. 144.

Zukunftsentwürfe, kritische Reflexion des Weges in die Moderne und Kulturkritik waren auch schon im Kaiserreich Gegenstand intensiver Diskussion. Ihr Merkmal bestand dabei nicht zuletzt darin, dass sie die umfassenden Veränderungen in Wirtschaft und Gesellschaft als neuartig, gleichwohl aber als Fortschreiten innerhalb eigener Traditionen begriff. Auch wenn dieser Schub in die Moderne manchmal in einem Tempo geschah, dem nur schwer zu folgen war, so wurde dieser Prozess überwiegend positiv beurteilt, weil in ihm das eigene kulturelle Leistungsvermögen seinen Ausdruck zu finden schien.[21] Die beschleunigte Entwicklung des Deutschen Reiches bis zum Ende des Ersten Weltkrieges ging immer auch mit dem Selbstverständnis Deutschlands als gelungener Symbiose vermeintlich westlich-liberal-kapitalistischer Effizienz und östlicher, geistig-emotionaler Tiefe einher.[22] Dieses Selbstverständnis als überlegene 'Kulturnation' sollte dann bis zur anmaßenden Rechtfertigung des Krieges als Kampf gegen Demokratie und gesellschaftlichen Verfall, gegen die 'Ideen von 1789', Verwendung finden.[23] Die Niederlage von 1918 konnte folglich nicht nur als eine Niederlage des gesellschaftlichen, ökonomischen oder technischen Mobilisierungsvermögens verstanden werden. Vielmehr eröffnete sich hier eine Perspektive, die eine Niederlage deutscher 'Kultur' gegenüber der westlichen 'Zivilisation' mit den USA an der Spitze erkannte und somit zumindest in Ansätzen auch auf Deutungsmuster des völligen Zusammenbruchs Deutschlands nach 1945 verweist.

Die Niederlage des wilhelminischen Reiches und der Beitrag der USA dazu stürzte das deutsche Kulturbewusstsein, das immer auch deutsches Sonderbewusstsein war, in einen Zustand der Ungewissheit.[24] Die deut-

---

21 Detlev J. K. Peukert, Die Weimarer Republik. Krisenjahre der klassischen Moderne, Frankfurt/Main 1987, weist in diesem Zusammenhang auf die "in romantisierende Reichsfolklore und auftrumpfende imperiale Gestik" gekleidete Bejahung der Moderne hin, siehe ebd., S. 179. Eben weil in diesem Prozess der Modernisierung — der, wo er nicht Zustimmung erfuhr, so doch zumindest als unabwendbar hingenommen wurde — das Ergebnis der eigenen zivilisatorischen Entwicklung erkannt wurde, scheint hierfür der Begriff "Traditionsbruch" nicht angemessen. Erst nach der Niederlage Deutschlands im Ersten Weltkrieg war es möglich, diese Moderne als Einschnitt in die tradierte Kultur zu verstehen.
22 Frank Trommler, Aufstieg und Fall des Amerikanismus in Deutschland, in: ders. (Hrsg.), Amerika und die Deutschen. Bestandsaufnahme einer 300jährigen Geschichte, Opladen 1986, S. 666-676, hier S. 672.
23 Trommler, Aufstieg, S. 668.
24 Doering-Manteuffel, Dimensionen, hebt hervor, dass die besondere Schärfe, mit der

sche Gesellschaft war nach 1918 "seelisch aus dem Gleichgewicht gebracht"[25], zumindest aber in ihrem Selbstverständnis verunsichert.[26] Sie beschäftigte sich intensiv mit dem Land des eigentlichen Siegers, dessen scheinbar überlegene Kultur eine überaus hohe Ausstrahlungskraft erreichte.[27] Damit konnte gerade in Bezug auf die kulturelle Ebene auch ein starker antiamerikanischer Affekt einhergehen, der zugleich Raum für Aufforderungen ließ, amerikanische Kulturmuster einzudeutschen.[28] In solchen Affekten brachte sich Unsicherheit, zumindest aber Unverständnis angesichts Erscheinungen amerikanischer Massenkultur zum Ausdruck, aber auch die Ausstrahlungskraft eines Landes, welches man "in seinem Jahrhundert zu Hause"[29] glaubte. Sogar eine neue weltgeschichtliche Ära schien angebrochen, in der sich "die Eroberung Europas durch Amerika"[30] vollzog. In den USA schien dabei immer auch die eigene Zukunft vorweg-

---

die 'Amerikanismus'-Diskussion in Deutschland im Vergleich zu anderen europäischen Ländern geführt wurde, ihren Grund in eben diesem Sonderbewusstsein habe, siehe ebd., S. 2f.

25 Adolf Halfeld, Amerika und Amerikanismus. Kritische Betrachtungen eines Deutschen und Europäers, Jena 1927, S. X.

26 Auch Peukert weist immer wieder auf die Orientierungslosigkeit der Gesellschaft der zwanziger Jahre hin, wenn er beispielsweise feststellt, "daß man seit dem Ersten Weltkrieg in ein Zeitalter höchster Instabilität eingetreten war, in dem die alten Orientierungen entwertet wurden, ohne daß neue soziale und politische Orientierungen hätten Wert gewinnen können", siehe Peukert, Republik, S. 251/252. Anders Doering-Manteuffel, Dimensionen, S. 2, der von der Gesellschaft der Weimarer Republik annimmt, dass sie sich ihrer Tradition noch bewusst gewesen sei. Gerade aber die eingehende Auseinandersetzung mit einem Land, dessen Kultur sich in vielem von der deutschen Unterschied, ja, teilweise zu dieser ausdrücklich im Widerspruch stand, wird erst vor dem Hintergrund dieser Verunsicherung plausibel.

27 H. Döll, Amerikanismus — Schlagwort oder Richtungsimpuls?, in: *Die Tat. Monatsschrift zur Gestaltung neuer Wirklichkeit* 20 (August 1928), S. 375-381, hier S. 376.

28 Adelheid von Saldern, Überfremdungsängste. Gegen die Amerikanisierung der deutschen Kultur in den zwanziger Jahren, in: Alf Lüdtke, Inge Marßolek, Adelheid von Saldern (Hrsg.), Amerikanisierung. Traum und Alptraum im Deutschland des 20. Jahrhunderts, Stuttgart 1996 (=Transatlantische Historische Studien. Veröffentlichungen des Deutschen Historischen Institutes Washington, DC, Bd. 6), S. 213-244.

29 Hans A[rno] Joachim, Neue Romane aus Amerika, in: *Die Neue Rundschau* 9 (September 1930), S. 396-409, hier S. 398.

30 Stefan Zweig, Die Monotonisierung der Welt, in: *Berliner Börsen-Courier* 53 (1. Februar 1925), zitiert nach Anton Kaes (Hrsg.), Weimarer Republik. Manifeste und Dokumente zur deutschen Literatur 1918-33, Stuttgart 1983, S. 268-273, hier S. 270.

genommen.[31] Die Auseinandersetzung mit den Vereinigten Staaten war "die Auseinandersetzung mit einem Zukunftsschicksal, dem Amerika näher ist als Europa"[32]. 'Amerika' war die Metapher, mit der das Bild der eigenen, noch unsicheren Zukunft gemalt und zusammengefasst werden konnte.

2.1.1. 'Das amerikanische Wirtschaftswunder'

Innerhalb der Amerikanismus-Debatte wurde vor allem die kulturelle Seite, die sich mit dem Einfluß und der Verbreitung angeblich amerikanischer Erscheinungen in Literatur, Musik, Kunst, Tanz, Unterhaltung und den neuen Medien Film und Rundfunk beschäftigte, behandelt.[33] In den Verteilungskämpfen der Weimarer Republik und angesichts der deutschen Abhängigkeit von US-Geldern fand überdies die ökonomische Grundlage der amerikanischen Finanzkraft eine große Beachtung. Dieser ökonomische 'Amerikanismus' schien das deutsche Leben noch stärker zu prägen als seine Erscheinungsformen im Bereich der Kultur. "Viel bedeutender ist die Einwirkung im Wirtschaftsleben, und zwar in all seinen Verzweigungen und Ausstrahlungen. Der Wirtschaftsgeist der Amerikaner ist es in erster Linie, der unser Leben durchdringt."[34]

Der ökonomische Aufstieg der USA fand schon früh auch in Deutschland Beachtung. Bereits vor dem Ersten Weltkrieg hatte Amerika seinen Platz als tatsächliches Objekt wie auch als Projektionsfläche für das nationaldeutsche Selbstverständnis eingenommen.[35] Nach 1918 rückte dann die faktische Potenz der USA eindringlich in den Mittelpunkt des Interesses.[36]

---

31 Arthur Feiler, Amerika — Europa. Erfahrungen einer Reise, Frankfurt/Main 1926, S. 15.
32 Viktor Engelhardt, Burbergs 'Reform der Fließarbeit' in: *Die Tat. Monatsschrift zur Gestaltung neuer Wirklichkeit* 20 (August 1928), S. 381-383, hier S. 381.
33 Zur negativen Kulturkritik an Amerika siehe z. B. Gesine Schwan, Das deutsche Amerikabild seit der Weimarer Republik, in: *Aus Politik und Zeitgeschichte* B26/86 (28. Juni 1986), S. 3-15, hier S. 7-9.
34 Paul Landau, Girlkultur, in: *Westermanns Monatshefte* 845 (Januar 1927), S. 565-568, hier S. 568.
35 Egbert Klautke, Unbegrenzte Möglichkeiten. 'Amerikanisierung' in Deutschland und Frankreich (1900-1933) (=Transatlantische Historische Studien. Veröffentlichungen des Deutschen Historischen Institutes Washington, DC, Bd. 14), Stuttgart 2003, Kap. III.
36 Als Beispiel für das schon vor dem Weltkrieg anzutreffende Interesse an der US-

Während die amerikanische Wirtschaft immer weiter wuchs und sich ausdehnte, wurde für Europa nur noch der Niedergang festgestellt. Die Ursachen dieser Entwicklung reichten dabei hinter den Ersten Weltkrieg zurück, dieser habe aber beschleunigend gewirkt, weil durch ihn die Produktion gebunden worden und die Beteiligung am internationalen Handel erschwert worden sei.[37] Damit sei Deutschland im "Kampf um die Exportmärkte"[38] mit den USA ins Hintertreffen gelangt. Es war dieser Aufstieg und die damit verbundene entscheidende Rolle Amerikas für die deutsche Niederlage im Krieg, die die ohnehin schon große Aufmerksamkeit deutscher Beobachter für die US-Wirtschaft noch steigerte.[39]

> Die Vereinigten Staaten haben mit dem ungeheuerlichen Schwergewicht ihrer jungen, strotzenden Wirtschaftskraft den Weltkrieg zur Entscheidung gebracht, nachdem es jahrelang im wesentlichen ihre Finanzkraft gewesen war, die den europäischen Alliierten die silbernen Kugeln zum Kampf gegen die Mittelmächte lieferte.[40]

Enttäuscht musste man feststellen, dass es auch im Frieden der Nachkriegszeit nicht gelang, diesen Prozess aufzuhalten oder wenigstens zu verlangsamen. Europa hatte seine wirtschaftliche Vormachtstellung verloren.[41] Unaufhaltsam schien sich das Zentrum der Weltwirtschaft immer mehr in die Vereinigten Staaten von Amerika zu verlagern, in denen sich nicht zuletzt auf der Grundlage natürlicher Schätze ein Großteil der globalen Wirtschaftskraft konzentrierte.

Wirtschaft kann neben dem Buch von Goldberger noch Jul. H. West, Hie Europa! Hie Amerika! Aus dem Lande der krassesten Nützlichkeit (=Studien zur Förderung der deutschen Industrie, Heft 1), Berlin 1908², genannt werden.

37 Döll, Amerikanismus, S. 376; Theodor Lüddecke, Das amerikanische Wirtschaftstempo als Bedrohung Europas, Leipzig 1925, S. 91f.
38 Lüddecke, Wirtschaftstempo, S. 6.
39 Wie der entscheidende Eintritt der USA in den Krieg zum Auslöser einer breiteren Beschäftigung mit diesem immer noch weitgehend fremden Land wurde, zeigt Earl R. Beck, Germany Rediscovers America, Tallahassee, Fl. 1968, S. 17.
40 Allgemeiner Deutscher Gewerkschaftsbund (ADGB) (Hrsg.), Amerikareise deutscher Gewerkschaftsführer, Berlin 1926, S. 16.
41 Lüddecke, Wirtschaftstempo, S. 6 und S. 99.

Der wirtschaftliche Schwerpunkt der Welt verschiebt sich in immer rascherem Tempo nach dem Westen. Lange vor dem Weltkriege war dieser Prozeß erkennbar; er hätte sich auch ohne die neuen Impulse jenes Weltunglücks beschleunigt, je mehr die unermeßlichen Reichtümer des amerikanischen Kontinents bekannt und ausgenutzt wurden.[42]

Dazu kam, dass sich die europäischen Nationen, besonders aber Deutschland nun in die Rolle des von amerikanischer Großzügigkeit und Hilfe abhängigen Bittstellers versetzt sahen. Die USA ihrerseits hatten die Rolle des Gläubigers übernommen, dessen Geld die gesamte europäische Wirtschaft vor dem Kollaps rettete und so die *"unerhörte Verschiebung aller Machtverhältnisse der Welt"*[43] eindrucksvoll belegte. Die USA waren nicht länger ein unbedeutendes Land am Rande der zivilisierten Menschheit. Im Gegenteil: sie waren nicht nur politisch, sondern auch wirtschaftlich zur einflussreichsten und bedeutendsten Nation der Welt geworden. "Die Vereinigten Staaten von Nordamerika haben den Weltkrieg zur Entscheidung gebracht. Durch den Dawes-Plan gebieten sie den wirtschaftlichen Zerstörungsbestrebungen Halt. Sie sind die erste Macht der Welt."[44] Die weltweite Dominanz der USA, die so imposant war, dass man sogar das Wort vom "Weltreich"[45] für angemessen hielt, schien die früher angedeutete Entwicklung einer 'Amerikanisierung der Welt' wahr werden zu lassen.[46]

---

42 Julius Hirsch, Das amerikanische Wirtschaftswunder, Berlin 1926, S. 7.
43 Hirsch, Wirtschaftswunder, S. 8/9.
44 Carl Köttgen, Das wirtschaftliche Amerika, Berlin 1926, S. III. Ähnlich Kurt Hassert, Die Vereinigten Staaten von Amerika als politische und wirtschaftliche Weltmacht geographisch betrachtet, Tübingen 1922, S. V und S. 254. Der Sprachgelehrte, Diplomat und Direktor der Deutschen Hochschule für Politik in Berlin, Ernst Jäckh, beschreibt diesen Wandel der Machtverhältnisse in: Amerika und Wir. Amerikanisch-deutsches Ideen-Bündnis, Stuttgart 1929, S. 22-25.
45 Friedrich Aereboe, Wirtschaft und Kultur in den Vereinigten Staaten von Nordamerika, Berlin 1930, S. 5.
46 Siehe z. B. Hassert, Amerika, S. 255.

Amerika erobert die Welt, heute vielleicht in einem viel größeren Ausmaße, als eine Nation jemals vorher die Welt erobert hat. Es erobert sie aber mit anderen Waffen, d.h. ohne Waffen, mit den Mitteln wirtschaftlicher Überlegenheit. [...] Seine Wirtschaftsmacht greift mit Riesenarmen um die Erde.[47]

Im globalen Siegeszug der amerikanischen Wirtschaftsmacht vollzog sich jene revolutionäre Umwälzung aller gesellschaftlichen Bereiche, die Stead schon geahnt hatte und von der kein Land verschont bleiben würde.

Alte Kulturen verschwinden, und eine neue kapitalistische Kultur wird auf der anderen Hälfte der Erdkugel aus den Kräften der Wirtschaft geboren. Es vollzieht sich eine Umwälzung, die neue Schichten entstehen und alte verschwinden läßt, eine Weltrevolution, [...] die den alten europäischen Industrieländern anzeigt, daß der Kapitalismus [...] in einem Gebiet neu entsteht, das [...] die alten europäischen Industrieländer weit überragt.[48]

Die ungeheure wirtschaftliche Dynamik dieses Landes, die dieser weltumspannenden Entwicklung zugrunde lag, musste natürlich all jene in ihren Bann ziehen, die einen Ausweg aus den Belastungen der eigenen ökonomischen Situation suchten. "Wenn es für den Neuaufbau der Wirtschaft irgendwo in der Welt ein Objekt des Studiums gab, so waren dies die Vereinigten Staaten Nordamerikas."[49]

Gründe für die Stärke der US-Wirtschaft und deren Merkmale wurden viele genannt.[50] Wer das Land schon bereist hatte, war überwältigt

---

47 Theodor Lüddecke, Amerikanismus als Schlagwort und Tatsache, in: *Deutsche Rundschau* 56 (März 1930), S. 214-221, hier S. 218.
48 Hermann Jäckel, 'Die Wirtschaftsdemokratie'. Referat gehalten auf dem Zwölften Kongreß der Gewerkschaften in Breslau, in: Protokoll der Verhandlungen des 12. Kongresses der Gewerkschaften Deutschlands (2. Bundestag des Allgemeinen Deutschen Gewerkschaftsbundes). Abgehalten in Breslau vom 31. August bis 4. September 1925, Berlin 1925, S. 202-216, hier S. 202/203.
49 ADGB, Amerikareise, S. 5.
50 Eine kurze Zusammenfassung hierzu bieten Hirsch, Wirtschaftswunder, S. 15 und W. Müller, Soziale und technische Wirtschaftsführung in Amerika. Gemeinschaftsarbeit und sozialer Ausgleich als Grundlage industrieller Höchstleistung, Berlin 1926, S. 183. Ebenso fasst Hermann Levy, Die Vereinigten Staaten von Amerika als Wirtschaftsmacht, Leipzig, Berlin 1923, S. 126-135, die rasante Entwicklung der USA zusammen. Vor dem Hintergrund der Krise von 1921, innerer Probleme und einer verfehlten amerikanischen Wirtschaftspolitik, die großzügig Kredite ohne Sicherheiten vergibt, vermag Levy die optimistische Beurteilung seiner Zeitgenossen nicht zu teilen und betrachtet die zukünftige ökonomische Entwicklung der USA mit

von dessen Größe, die durch den Aufbau eines dichten Verkehrsnetzes einen riesigen Binnenmarkt frei von Handelshemmnissen entstehen ließ.[51] An der Seite einer produktionsstarken Landwirtschaft mit hohem Mechanisierungsgrad stand der natürliche Reichtum des Landes, der den Aufbau einer produktions- und kapitalkräftigen Industrie begünstigte indem er die nötigen Rohstoffe billig zur Verfügung stellen konnte.[52] Ein höherer Mechanisierungsgrad der Produktion, eine äußerst effiziente Nutzung der menschlichen Arbeitskraft, also eine *"Rationalisierung allergrößten Stils"*[53] zeichneten die amerikanische Wirtschaft aus, deren Produktionskraft ihre sinnfälligste Darstellung in den ins Unendliche strebenden Wolkenkratzern fand.[54] Überdies gewährleistete das hohe Lohnniveau eine hohe allgemeine Konsumkraft, die die USA zum Land der Massenproduktion und des Massenverbrauchs machten.[55] Amerika war bedeutungsgleich mit materiellem Reichtum, an dem jeder Teil haben konnte; es war die Nation des Wohlstands schlechthin geworden.[56] Die USA wurden geradezu zum Synonym von Wohlstand, das Land war "nur eine Umschreibung des Wortes 'Prosperität'"[57].

Dabei schien die quantitative Vermessung allein zur Erklärung der amerikanischen Wirtschaftskraft nicht auszureichen. Zu den günstigen materiellen und finanziellen Voraussetzungen des Landes kamen noch

---

Vorsicht, siehe ebd., S. 130-135.

51 Hassert, Amerika, S. 213f.; Aereboe, Wirtschaft, S. 7.
52 Köttgen, Amerika, S. 12-15; Lüddecke, Wirtschaftstempo, S. 91; Köttgen, Amerika, S. 22-24; Fritz Tänzler, Aus dem Arbeitsleben Amerikas. Arbeitsverhältnisse, Arbeitsmethoden und Sozialpolitik in den Vereinigten Staaten von Amerika, Berlin 1927, S. 10f., S.23-25 und S.162f.; ADGB, Amerikareise, S. 22-26; Moritz Julius Bonn, Die Kultur der Vereinigten Staaten von Amerika, Berlin 1930, S. 124-132; Fritz Giese, Artikel 'Amerika', in: ders. (Hrsg.), Handwörterbuch der Arbeitswissenschaft, Band 1, Halle/Saale 1930, Sp. 118- 145, hier Sp. 137f. Siehe dazu auch Levy, Wirtschaftsmacht, S. 5-8.
53 Hirsch, Wirtschaftswunder, S. 30; ähnlich auch z. B. Arthur Holitscher, Wiedersehn mit Amerika. Die Verwandlung der U.S.A., Berlin 1930, S. 53.
54 Köttgen, Amerika, S. 29; Giese, Artikel 'Amerika', Sp. 138; Levy, Wirtschaftsmacht, S. 65-67; Hirsch, Wirtschaftswunder, S. 39; Giese, Artikel 'Amerika', Sp. 138.
55 Köttgen, Amerika, S. 16f.; Levy, Wirtschaftsmacht, S. 62; Levy, Wirtschaftsmacht, S. 68; Hirsch, Wirtschaftswunder, S. 12; ADGB, Amerikareise, S. 28 und S. 100f.; Moritz Julius Bonn, Geld und Geist. Vom Wesen und Werden der amerikanischen Welt, Berlin 1927, S. 55.
56 Tänzler, Arbeitsleben, S. 14-16.
57 Bonn, Geld, S. 50; Holitscher, Wiedersehn, S. 50-57.

einige besondere Merkmale nordamerikanischen Lebens hinzu. Man war ebenso beeindruckt von der stark praxisorientierten Lebensauffassung der Amerikaner, die unmittelbares, pragmatisches Handeln der Reflexion voranstellte, wie von deren Mobilität und ausgeprägtem Fortschrittsoptimismus.[58] Daneben fiel vor allem die ihnen innewohnende Neigung zur Vereinheitlichung auf. Die durch die Einwanderung bedingte Vielfalt der Gesellschaft schien immer mehr einer Tendenz zur Normung und Standardisierung unterworfen zu sein, so dass sich "ein starker Zug von Gleichheit und Geschlossenheit in der Physiognomie des amerikanischen Gesellschaftsbildes"[59] herausbildete, der das Leben in allen Bereichen, von der industriellen Produktion bis hin zum Schönheitsideal, prägte.[60] Besonders auf ökonomischem Gebiet bedeutete dies eine Einheitlichkeit des Angebots wie auch der Bedürfnisse, die massenhaften Verbrauch und Herstellung und damit Wohlstand und eine konkurrenzfähige Wirtschaft garantierten.[61] Der 'service'-Gedanke war Ausdruck einer anderen Wirtschaftsmoral, die nicht nur dem Produkt, sondern auch dem Käufer eine erhöhte Aufmerksamkeit zukommen ließ, um als "Dienstpflicht gegenüber dem Verbraucher"[62] zur Produktivität der Wirtschaft beizutragen und somit zugleich als Dienst an der gesamten Nation verstanden wurde.[63] Ähnliches galt auch für die Innovationsfähigkeit und Aufgeschlossenheit der Amerikaner für neue Technologien und Verfahren, sowie für die Unbefangenheit in der Lösung neuer Aufgaben.[64] Die fast

---

58 Lüddecke, Wirtschaftstempo, S. 18-22; Hirsch, Wirtschaftswunder, S. 227; Alfred Rühl, Vom Wirtschaftsgeist in Amerika, Leipzig 1927, S. 6-21.
59 Lüddecke, Wirtschaftstempo, S. 23.
60 Holitscher, Wiedersehn, S. 91-96; Levy, Wirtschaftsmacht, S. 67-69; Hirsch, Wirtschaftswunder, S. 219-227; Rühl, Wirtschaftsgeist, S. 1-7.
61 Lüddecke, Wirtschaftstempo, S. 23 und S. 27.
62 Hirsch, Wirtschaftswunder, S. 228.
63 Hirsch, Wirtschaftswunder, S. 227-229. Auch Bonn, Kultur, S. 169-177, verweist auf den im Vergleich zu Deutschland stärker kundenorientierten Vertrieb in den USA und erklärt dies damit, dass dort das Problem nicht mehr die Produktion sei, sondern die Frage, wie in Massen produzierte Güter auch wirklich verkauft werden können, mithin das Problem des Absatzes. Zum 'Service'-Gedanken siehe auch Tänzler, Arbeitsleben, S. 20f.; Holitscher, Wiedersehn, S. 65-75. Feiler hingegen will im 'service'-Gedanken vor allem Propaganda erkennen, siehe Feiler, Amerika, S. 154f. Ähnlich Charlotte Lütkens, Staat und Gesellschaft in Amerika. Zur Soziologie des amerikanischen Kapitalismus, Tübingen 1929, S. 5, die von "Service-Phraseologie" spricht.

ausschließliche Unterordnung der Gesellschaft unter den Gesichtspunkt ökonomischer Rationalität, der als 'Business-Ideal' nahezu keine Grenzen der Leistungsbereitschaft und des Erfolgswillens, aber auch der Moral zu kennen schien, war es, der die "*enorme Wirtschaftsenergie dieser Nation*"[65] ausmachte.[66] All diese Erscheinungen wurden auf ein kalvinistisch-puritanisches Arbeitsethos zurückgeführt, das in den USA seine höchste Steigerung in einer "allgemeine[n] Arbeitswütigkeit"[67] und ungebändigten Geschäftigkeit erfuhr. Neben der Rastlosigkeit amerikanischer Großstädte nahm sich sogar Berlin wie eine Oase der Ruhe aus.[68] Und wer das eifrige Geschäftsleben Manhattans betrachtete, "wo die Menschen [...] kein anderes Vergnügen als die Arbeit"[69] zu kennen schienen, war beeindruckt von der Anspannung und der hektischen Betriebsamkeit, die das Treiben auf der Straße bestimmte.[70] Beinahe unheimlich schien die Geschwindigkeit des amerikanischen Lebens, dessen Dynamik auf wirtschaftlichem Gebiet ein solch beängstigendes Ausmaß annahm, dass man sogar "das amerikanische Wirtschaftstempo als Bedrohung Europas"[71] fürchtete.

Die Dominanz der Vereinigten Staaten in wirtschaftlichen Angelegenheiten schien so übermächtig, dass nicht Wenige eine bedingungslose Ausrichtung der deutschen Wirtschaft am US-Vorbild verlangten. "Soll die deutsche Industrie sich 'amerikanisieren'?"[72], wurde gefragt und die Antwort sogleich mitgeliefert: "Schnelle Anpassung ist notwendig!"[73], wobei diese Forderung von einem sich bereits vollziehenden Amerikanisierungsprozess überholt schien.[74] Nicht zuletzt angesichts der Tatsache zunehmender amerikanischer Beteiligung an deutschen Unternehmen,

---

64 Giese, Artikel 'Amerika', Sp. 138 und Sp. 140.
65 Hirsch, Wirtschaftswunder, S. 216.
66 Rühl, Wirtschaftsgeist, S. 22-26. und S. 66-70.
67 Rühl, Wirtschaftsgeist, S. 28.
68 Lüddecke, Wirtschaftstempo, S. 20.
69 Müller, Wirtschaftsführung, S. 188.
70 Holitscher, Wiedersehn, S. 9-24.
71 So der Titel des 1925 in Leipzig erschienenen, seinerzeit sehr populären Buches von Theodor Lüddecke.
72 Hirsch, Wirtschaftswunder, S. 250.
73 Hirsch, Wirtschaftswunder, S. 252.
74 Hirsch, Wirtschaftswunder, S. 243 und Heinrich Müller, Die Amerikanisierung Europas, in: *Allgemeine Rundschau. Wochenschrift für Politik und Kultur* 17 (30. Oktober 1920), S. 510f.

war es keine Frage mehr, wie man sich in Deutschland dazu verhalten musste.[75] Wer dieser Bewegung nicht erliegen wollte, dem blieb nur eine Möglichkeit: sich ihr anzuschließen.

> Wir haben keine absolute Wahl mehr, hier abzulehnen oder anzunehmen — die amerikanischen Lebensformen werden uns von der Seite der Wirtschaft her einfach aufgezwungen. Versuchen wir nicht, uns in wirtschaftlicher Hinsicht die gleichen Mittel und die gleichen Methoden anzueignen [...], so werden wir einfach zur Beute des Amerikanismus [...].[76]

Bereiche, in denen sich die beiden Wirtschaftsverfassungen unterschieden wie beispielsweise Kapitalkraft, Situation am Absatzmarkt und Produktionsschwerpunkte wurden nicht übersehen. Von einer schnellen Übernahme eines nur vage angedeuteten "wirtschaftlich-industriellen Intensivierungsprozesses"[77] amerikanischen Zuschnitts hing das materielle Wohlergehen Deutschlands dennoch ab, weil gerade die deutsche Volkswirtschaft durch den verlorenen Krieg großen Belastungen ausgesetzt war.

> Dieser 'Zug ins Amerikanische' hat für das europäische und insbesondere das deutsche Wirtschaftsleben angesichts der in ihrer Schwere kaum vorausgesehenen Folgen des Krieges [...] heute die allergrößte Bedeutung gewonnen. Die Amerikanisierung Europas ist eine Lebensfrage geworden [...].[78]

Diese Amerikanisierung, die Deutschland wieder zu einem führenden Industriestaat in der Welt machen sollte, ging für den Ökonomen und ehemaligen Staatssekretär im Wirtschaftsministerium, Julius Hirsch, einher mit einer neuen Ära enorm gesteigerten Verbrauchs,

---

75 Prominentester Höhepunkt dieser Art amerikanischer Kapitalinvestition war neben der 25prozentigen Beteiligung der General Electric an der AEG der Aufkauf der Adam Opel AG durch General Motors im Jahre 1929, siehe Frank Costigliola, Awkward Dominion. American Political, Economic, and Cultural Relations with Europe, 1919-1933, Ithaca, New York, London 1984, S. 153f.
76 Lüddecke, Amerikanismus, S. 215. Ähnlich weiter unten: "Wir haben in der gegenwärtigen Lage gar nicht mehr die Wahl, den Amerikanismus anzunehmen oder abzulehnen. Es handelt sich darum, ob wir handelndes Subjekt oder bloßes Objekt der kommenden Wirtschaftskämpfe sein wollen", siehe ebd., S. 218.
77 Müller, Amerikanisierung, S. 510.
78 Müller, Amerikanisierung, S. 510.

die die Entfaltung US-amerikanischer Wirtschaftskraft auszeichnete.[79] Mit dem Eintritt ins Zeitalter des Massenkonsums war für Deutschland der Weg zurück zu einer starken Wirtschaft vorgegeben. "Das können wir nicht ohne Massenproduktion. Wir können es folglich nicht ohne Amerikanisierung."[80]

Nicht für alle, die die US-Wirtschaft aus eigener Anschauung kannten, waren jedoch die Unterschiede zwischen den Vereinigten Staaten und Deutschland zu vernachlässigende Größen. Sie bestritten nicht, dass man von den USA lernen könne, man musste aber, ohne die Leistungen Amerikas zu überschätzen, zuerst das Andere in seinem Zusammenhang verstehen lernen, bevor man entscheidet, ob und welche Muster übernommen werden konnten und sollten.[81] Nur wenn die ökonomische Verfassung eines Landes als gewachsenes Element einer die ganze Gesellschaft prägenden Kultur begriffen wurde, ließ sich eine blinde Adaption, die letzten Endes zum Misslingen der Verbesserungsanstrengungen beitrug, verhindern. Zunächst musste man sich die Frage stellen, ob "sich überhaupt die Methoden und welche von ihnen auf deutsche Verhältnisse übertragen [lassen], und was können wir von einer Übertragung erwarten?"[82] Die wesensfremden Strukturen Amerikas sollten auch als solche erkannt werden, "um vor allem Fehlschläge durch einfache Nachahmung dortiger Beispiele zu [ver]hindern".[83] Erst auf Grund dieser Einsicht wurde die eigentliche Aufgabe deutlich: "für uns ist nun der Zeitpunkt gekommen, von Amerika zu lernen, wie man es machen muß, nicht in schematischem Abklatsch, sondern in fairer Weiterentwicklung"[84].

In welchem Maße auch immer die Amerikanisierung der deutschen Wirtschaft gefordert wurde, man bestaunte offen den Erfolg Amerikas, das dabei war, Europa und die ganze Welt zu dominieren. Die Leistungsfähig-

---

79 Zu Hirschs Tätigkeit als Staatssekretär siehe Johannes Fischart, Neue Politikerköpfe: Julius Hirsch, in: *Die Weltbühne* 21 (1925), S. 388-392.
80 Hirsch, Wirtschaftswunder, S. 258.
81 Aereboe, Wirtschaft, S. 3 und 40.
82 Müller, Wirtschaftsführung, S. 182.
83 Giese, Artikel 'Amerika', Sp. 137.
84 Müller, Wirtschaftsführung, S. V. Ähnlich Lüddecke, Amerikanismus, S. 218, der empfiehlt, "die Mittel und Methoden der Amerikaner zu studieren, um sie den besonderen Verhältnissen entsprechend zu unserem Nutzen einzusetzen". Zwar könne man vieles von den Amerikanern lernen, im übrigen müsse man aber einen Weg gehen, der den eigenen Möglichkeiten und Bedingungen entspräche.

keit der amerikanischen Industrie und Wirtschaft zwang unter den Europäern besonders die Deutschen, "die [...] Blicke in immer stärkerem Maße fragend auf jene große, unheimliche, heute auf allen Gebieten siegreich vordringende Macht zu richten, die unser aller Schicksal immer stärker beeinflußt."[85] Einzelne Aspekte des ökonomischen Systems der USA konnten eher vorsichtig oder gar ablehnend beurteilt werden, an dessen führender Stellung indes konnte nicht gezweifelt werden. Über Art und Umfang einer Anpassung Deutschlands an amerikanische Verhältnisse mochte man uneins sein. Aber über den Umstand, dass die USA ein Modell waren, welches die Vorgabe für die eigene Entwicklung lieferte und an dem man sich orientieren musste, darüber konnte es kaum Streit geben.[86] Sie waren das Leitbild einer Belebung und Stabilisierung der deutschen Wirtschaft. Wenn schon eine reine Nachahmung unmöglich sein sollte, wenn auch zum Teil völlig unterschiedliche Voraussetzungen eine schlichte Übernahme amerikanischer Organisationsformen verhinderten, so waren im Bereich des Ökonomischen die Vereinigten Staaten doch die Größe, an der sich alle anderen Nationen messen lassen mussten. "Für die nächsten Generationen bleibt es [...] Amerika vorbehalten, der Welt die wirtschaftlichen Gesetze zu diktieren."[87] Selbst Antiamerikanisten, die den vermeintlich geistlosen Materialismus der amerikanischen Erfolgsbesessenheit verachteten, kamen nicht umhin, die wirtschaftliche Vormachtstellung Amerikas anzuerkennen.[88] Die USA waren der Beweis, dass ökonomische Stärke und Wohlstand nicht nur Anspruch bleiben mussten,

---

85 Lüddecke, Amerikanismus, S. 214.
86 Allerdings gab es Ausnahmen wie z. B. Charlotte Lütkens, die die USA als Vorbild Deutschlands für ungeeignet hielt. Dadurch, dass sie nicht Europa an den Vereinigten Staaten, sondern Amerika an der europäischen Entwicklung maß, kam sie zu dem Schluß, dass Nordamerika zwar die am weitesten entwickelte Form des Kapitalismus aufweise, im Aufbau gesellschaftlicher Strukturen aber noch unterentwickelt sei. Die kaum vorhandenen sozialen Differenzierungen, werfen so z. B. die Frage auf, inwiefern überhaupt von einer modernen Demokratie gesprochen werden könne. Weil die USA das europäische Stadium des Kapitalismus noch nicht erreicht hätten, sei noch nicht einmal die Möglichkeit eines Vergleichs mit Europa und Deutschland gegeben; siehe Lütkens, Staat, S. 1-10.
87 Müller, Wirtschaftsführung, S. 190.
88 Halfeld, Amerika, S. 122-146. Halfeld beeilt sich aber sofort zu erklären, dass diese Stärke mindestens ebenso sehr auf glücklichen Umständen wie auf den innovativen Fähigkeiten der Amerikaner im Bereich Technik und Organisation basiert, siehe ebd., S. 122.

sondern wirklich werden konnten. Amerika spiegelte nicht nur deutsche Hoffnungen und Wünsche für die eigene Wirtschaftsentwicklung wider, dort schienen sie auch verwirklicht. Die wirtschaftliche und soziale Herausforderung durch die Moderne war in Amerika mit technischen und organisatorischen Mitteln, die aus der ganzen Nation ein einziges profitorientiertes Unternehmen auf hohem Wohlstandsniveau werden ließen, bewältigt.[89] "Das amerikanische Wirtschaftswunder", so der Titel des populären Buches von Julius Hirsch, besaß höchste Anziehungskraft, weil es die Vision einer verheißungsvollen, besseren Zukunft Realität hatte werden lassen.[90]

2.1.2. Unter der Parole des 'Amerikanismus'

Das Eindringen amerikanischer Kulturmuster in verschiedene Sphären der deutschen Gesellschaft nach dem Krieg war Gegenstand eines scharf und selten emotionslos geführten Streites.[91] Vor dem Hintergrund einer unsicheren wirtschaftlichen Entwicklung, über die auch die besseren Jahren von 1924 bis 1929 nicht hinwegtäuschen konnten und neu aufbrechender sozialer Konfliktpotenziale, war der tatsächliche Spielraum zwar begrenzt. Dennoch war die Vorbildfunktion der USA auf wirtschaftlichem Gebiet Anlass, diese Rolle für deutsche Unternehmen zu diskutieren. Alle Möglichkeiten, die einen Ausweg aus der eigenen ungewissen Lage und krisenhaften Situation versprachen, wurden bereitwillig aufgenommen. und wer den Erfolg und die Überlegenheit der amerikanischen Wirtschaftsorganisation ignorierte, schien besondere Gefahr zu laufen, einem wirtschaftlichen Niedergang zu erleben. Ob man durch die ökonomische Potenz Nordamerikas eigene Handlungsspielräume und Traditionen bedroht oder bereichert sah, in einem solchen 'Amerikanismus' wurde in

---

89 Peter Berg, Deutschland und Amerika 1918-1929. Über das deutsche Amerikabild der zwanziger Jahre (=Historische Studien, Heft 385), Lübeck, Hamburg 1963, S. 97.
90 Ähnlich auch Nolan, Visions, S. 9.
91 Eine knappe Übersicht der Positionen der zeitgenössischen Amerikanismus-Debatte liefert Schwan, Amerikabild, S. 4-13. Allerdings ignoriert Schwan in der Diskussion den Typus der sachlichen Auseinandersetzung, fixiert sich zu sehr auf den politischen Bereich, ordnet die verschiedenen Argumentationsmuster allzu schematisierend den diversen sozialen und politischen Gruppen zu und vermengt dabei die ökonomischen, kulturellen und politischen Dimensionen der Debatte. Das breite Spektrum der Rolle Amerikas im öffentlichen Bewusstsein der Deutschen in diesem Jahrhundert beleuchtet auch Beck, Germany.

zunehmendem Maße ein unaufhaltsamer Prozess größter Umwälzungen gesehen, dem es sich zu stellen galt.[92] Man kam um die Feststellung nicht umhin, dass dieser Prozess "ärgert oder entzückt, belustigt oder neidisch macht, in jedem Fall beschäftigt"[93]. Wenn auch gegensätzlich beurteilt, so war er doch der Orientierungspunkt schlechthin für den Weg in die Moderne.[94] Wer in die USA sah, schien auch in wirtschaftlicher Hinsicht in die Zukunft zu blicken, egal ob er sie mochte oder nicht. Als 'Amerikanismus' wurde das dazu gehörige diskursive Repertoire nach 1918 verstärkt mobilisiert.

Was aber meinte eigentlich der Begriff des 'Amerikanismus'? War damit im deutschen Sprachgebrauch zunächst vor allem die Auseinandersetzung mit dem Land jenseits des Atlantiks gemeint, erweiterte der Begirff sich nach dem Krieg zur Auseinandersetzung mit der Rolle Amerikas in Deutschland selbst. Da die von Amerika "heraufkommende Zivilisation [...] schon längst im eigenen Lande waltet"[95], war die Amerikanismus-Debatte ein wichtiges Medium, mittels dem sich die Gesellschaft über sich selbst verständigte. 'Amerikanismus' wurde schnell zu einer Vokabel, die "heute beinahe im Brennpunkt jeder Auseinandersetzung über politische, wirtschaftliche oder kulturelle Fragen"[96] stand. Nicht nur genuin amerikanische Phänomene wurden zum Gegenstand der Diskussion. Die Vereinigten Staaten waren als Modell der Zukunft so übermächtig, dass sogar Erscheinungen, die keineswegs amerikanischen Ursprungs waren oder sogar von Deutschland ausgingen, als US-Importe betrachtet und unter dem Stichwort 'Amerikanismus' verbucht wurden.[97]

---

92 Lüddecke, Amerikanismus, S. 215f.
93 Max Rychner, Amerikanisierung Europas?, in: *Die Neue Rundschau* 9 (September 1928), S. 225-235, hier S. 227.
94 Vgl. auch Costigliola, Dominion, S. 20 und S. 264. Zwar wurden darüber hinaus ebenso die Entwicklungen in der jungen UdSSR als Weg in die Moderne auch von nicht-kommunistischen Gruppen wahrgenommen und zum Teil aufmerksam verfolgt. Gerade diese Beobachter verwiesen oft auf die Ähnlichkeiten zwischen den USA und der Sowjetunion, siehe z. B. Holitscher, Wiedersehn, S. 12. Als ein mögliches Modell für Deutschland kam dieser sozialistische Modernisierungsversuch allerdings ausschließlich für kommunistische Parteigänger in Frage, verlangte doch eine Modernisierung sowjetischen Zuschnitts die völlige Umwälzung aller gesellschaftlichen Verhältnisse, nicht zuletzt der Besitzverhältnisse.
95 Lüddecke, Amerikanismus, S. 216.
96 Lüddecke, Amerikanismus, S. 214.
97 Costigliola, Dominion, S. 22 und S. 168. Ebenso hebt einer der profiliertesten zeitge-

Auch ein Gegner des 'Amerikanismus' wie der Publizist Albrecht Erich Günther, der zusammen mit Wilhelm Stapel die Zeitschrift *Deutsches Volkstum* herausgab, erkannte, dass unter 'Amerikanismus' neben dem konkreten Prozess der Amerikanisierung vor allem *"unsre Vorstellung von einer Besonderheit, die [...] einen Wesenszug der reißenden Zivilisation, der sich in Amerika zuerst und hemmungslos ausgebildet habe, aber zuletzt auch unsrer Welt das Gepräge geben werde"*[98], verstanden werden musste. Der 'Amerikanismus" war dabei nicht mehr unbedingt an die Vereinigten Staaten gebunden.[99] Er hatte sich vielmehr verselbständigt und wurde zu einem europäischen Thema, bei dem es keine Rolle mehr spielte, inwieweit dieses "von Amerika selbst beeinflußt worden [...] [war]."[100] Der 'Amerikanismus' war in aller Munde.[101] Allerdings handelte es sich dabei um einen

---

nössischen Vertreter national-konservativen und völkischen Gedankengutes und Amerikanismus-Gegner wie Wilhelm Stapel hervor, dass das, was man in Deutschland unter 'Amerikanismus' versteht und die amerikanische Wirklichkeit strikt zu trennen sind. Es gebe "in Deutschland Kreise, die amerikanistischer (nicht amerikanischer) sind als die Amerikaner", in Wilhelm Stapel, Haben wir etwas gegen Amerika?, in: *Deutsches Volkstum. Monatsschrift für das deutsche Geistesleben* 11 (April 1929), S. 301-304, hier S. 301f. Lüddecke, Amerikanismus, S. 214, weist auf dasselbe Phänomen hin. Siehe dazu auch Beck, Germany, S. 257.

98 Albrecht Erich Günther, Der Amerikanismus und die Amerikanisierten, in: *Deutsches Volkstum. Monatsschrift für das deutsche Geistesleben* 11 (Juni 1929), S. 419-426, hier S. 419.

99 Döll, Amerikanismus, S. 378.

100 Rudolf Kayser, Amerikanismus, in: *Vossische Zeitung* 458 (27. September 1925), zitiert nach Kaes, Republik, S. 265-268, hier S. 265.

101 Basler, Amerikanismus, S. 142. Indem Basler der Bedeutungsvielfalt des Begriffes nachgeht, stellt er fest, dass in der zeitgenössischen Diskussion 'Amerikanismus' und 'Amerikanisierung' synonym verwendet werden. Anders dagegen Doering-Manteuffel, Dimensionen, S. 10, der die Debatte der Zwischenkriegszeit auf den Begriff des 'Amerikanismus' als ein eher starr wahrgenommenes Phänomen einschränken will. Gerade aber der Umstand, dass neben dem Begriff des 'Amerikanismus' auch derjenige der 'Amerikanisierung' breite Verwendung fand und in diesem Zusammenhang auf tatsächliche Transformationsprozesse hingewiesen wurde, unterstreicht doch eben jenes von Doering-Manteuffel zu Recht festgestellte dynamische Moment, welches dieser Erscheinung von jeher innewohnte.

'Amerikanismus', unter dem jeder etwas anderes versteht: die einen nur Rationalisierung, Standardisierung, Typisierung, Normierung, kapitalistische Konzentration; andere eine 'kulturlose', nur technische Zivilisation; andere wieder eine junge, autochthone Kultur[102]

oder wieder andere einfach ein neues, kaum zu beschreibendes Lebensgefühl.[103] Es war genau dieser unscharfe Gebrauch des Wortes, der die vielfältigen neuen Entwicklungen auf fast allen Gebieten zu erfassen suchte und zwischen echten und vermeintlichen 'Amerikanismen' nicht trennte, durch den der Begriff seinen eigentlichen Charakter gewann: er wurde zur Parole, über die offensichtlich frei verfügt werden konnte.[104]

Sowohl Anhänger wie auch Kritiker und Gegner erkannten im 'Amerikanismus' "eines der großen Schlagworte"[105] der Zeit. Die Vorstellungen, die man mit dieser Parole verband, waren ebenso vielfältig wie vage.[106] Niemand erkannte dieses Merkmal des 'Amerikanismus' und seine Bedeutung besser als die Sozialdemokratin und Auslandskorrespondentin der liberalen *Frankfurter Zeitung*, Charlotte Lütkens. Aus der Rückschau von 1932 durchleuchtet die Journalistin und Soziologin scharfsinnig den Ursprung, die Form, die Funktion und damit den eigentlichen Charakter der Amerikanismus-Diskussion der zwanziger Jahre. Klar erfasst sie die Wurzeln der 'Amerikalegende', so der Titel ihrer Analyse.

---

102 Jäckh, Amerika, S. 25.
103 Rychner, Amerikanisierung, S. 227.
104 Zur überaus große Bandbreite dessen, was die Begriffe des 'Amerikanismus' und 'Amerikanisierung' meinen konnten, siehe Beck, Germany, S. 230-254.
105 Feiler, Amerika, S. 15; Kayser, Amerikanismus, S. 265. Vgl. auch die Titel der Aufsätze von Lüddecke und Basler.
106 Halfeld, Amerika, S. XIII.

Krieg und Nachkrieg zerstörten die Stabilität der Wirtschaft und Valuta. Zerschellt lagen die geistigen Wertungen und Intellektuelle und Unternehmer mußten nach neuer Fixierung ihres Weltbilds in einer erschütterten und veränderten Gesellschaft suchen. Um diese Zeit entstand das Interesse [...] für die Vereinigten Staaten von Amerika. Um Vorbild neuer Orientierung und Abwehr völliger Auflösung gleich besorgt, wandten sich alle, die etwas zu gewinnen und noch mehr zu verlieren hatten, Amerika zu; das Land des Dollars schien ja aus dem ökonomischen und geistigen Zusammenbruch gestärkt hervorgegangen, als einziges von den sozialen Erschütterungen verschont zu sein.[107]

Im Wandel der Nachkriegszeit sah man einen Prozess, der mit dem Angriff auf deutsche Traditionen zugleich eigenes Selbstverständnis und Vorstellungen nationaler Identität in Frage stellte. Die Parole vom 'Amerikanismus' war das Medium, mit dem die deutsche Gesellschaft und vor allem das in diese Debatte besonders eingespannte Bürgertum versuchte, ein Bild von den USA zu zeichnen, um sich so seiner selbst zu versichern.[108] Neben jenen, die einer sachlichen Auseinandersetzung mit 'Amerika' nachgingen, fanden vor allem diejenigen Gehör, die den Begriff als "Kampfwort"[109] gebrauchten. Mit echten und vermeintlichen amerikanischen Erscheinungen, die je nach Intention beliebig verzerrt werden konnten, wurde "unter den Decknamen Amerika und Amerikanismus eine Legende zusammengebraut"[110], die sich als Leitbild genauso gut wie als Schreckbild instrumentalisieren ließ. Gerade weil die Worthülse des 'Amerikanismus' je nach Standpunkt und Absicht nahezu beliebig ausgefüllt werden konnte, wurde sie rasch zur Phrase, mit der sich die jeweiligen Vorstellungen, Stereotypen und Vorurteile von Amerika, vor allem aber die damit verbundene Botschaft an das Publikum geschickt transportieren ließen. 'Amerika' wurde zur Projektion eigener Wünsche, Hoffnungen und Befürchtungen.[111] Es wurde zu all dem, was Deutschland sein sollte oder musste, beziehungsweise auf gar keinen Fall werden durfte. "So schiebt man Amerika das unter, was wesentlich das eigne Problem ist."[112]

---

107 Charlotte Lütkens, Die Amerikalegende, in: *Sozialistische Monatshefte* 38, Bd. 75 (Januar-Juni 1932), S. 45-50, hier S. 45.
108 Trommler, Aufstieg, S. 667.
109 Basler, Amerikanismus, S. 146.
110 Lütkens, Amerikalegende, S. 45.
111 Berg, Deutschland, S. 112.
112 Lütkens, Amerikalegende, S. 49.

Mit diesem Begriff wurden neue Realitäten einer als fremd empfundenen Moderne beschrieben, in denen sich alte Traditionen und Identitäten nicht mehr wiederfinden konnten.[113] Gerade der Umstand, dass in ihm der gesellschaftliche Zustand zum Ausdruck kommt, macht seinen Charakter als Schlagwort aus. Durch ihn manifestieren sich die "tiefere[n] Zersetzungen"[114] in den verschiedensten gesellschaftlichen Bereichen. Im Sprechen über 'Amerika' erfährt die eigene Lage ihre Reflexion. Wahrscheinlich ist dies das einzige eindeutige Merkmal dieser so wirkungsmächtigen Vokabel: ihre Unschärfe. Diese Unschärfe verdankt sie ihrer Rolle als Symptom deutscher Schwierigkeiten nach 1918.

2.2. Der Verteilungskampf: Wirtschaftliche und soziale Spannungsfelder

Der vor dem Hintergrund der weltweiten US-amerikanischen Dominanz von zeitgenössischen Beobachtern schon festgestellte Niedergang der deutschen Wirtschaft rief Beunruhigung hervor. Unternehmer wie Gewerkschaften sahen sich nach dem Ende des Krieges mit ökonomischen und sozialen Realitäten konfrontiert, die Chancen, vor allem aber Gefahren in sich bargen. Neben der raschen politischen Stabilisierung war das oberste Ziel beider Parteien die Wiederbelebung einer durch die Anstrengungen des Krieges darniederliegenden Wirtschaft. Die zukünftige Rolle, die diese Gruppen in Zukunft spielen sollten, hing in besonderem Maße von der Ankurbelung des ökonomischen Kreislaufs unter den neuen Bedingungen des Friedens ab. Die Aussichten hierfür waren jedoch alles andere als günstig.

Nach 1918 waren die Ressourcen der deutschen Wirtschaft durch den vierjährigen Krieg vollkommen erschöpft. Eine Erholung gestaltete sich umso schwieriger als die Hoffnung auf Reparationszahlungen im Falle eines deutschen Sieges mit der eigenen Niederlage hinfällig geworden war und sich die Situation vielmehr umgekehrt hatte. Darüber hinaus sah sich die gesamte deutsche Industrie mit einer strukturellen Veränderung des Welthandels konfrontiert. Nicht zuletzt durch den kriegsbedingten Ausfall europäischer Exporte entfalteten sich in anderen Ländern, vor allem in den USA, Industrien, überwiegend im Bereich der Konsumgüter, die es Europa nicht erlaubten, nach Kriegsende ohne Weiteres wieder seine ehemals

---

113 Trommler, Aufstieg, S. 667.
114 Döll, Amerikanismus, S. 376.

ungefährdete Stellung im internationalen Warenaustausch einzunehmen.[115] Neben der britischen musste dies die ebenso in hohem Maße exportabhängige deutsche Volkswirtschaft treffen.[116] Die deutsche Industrieproduktion hatte Mitte der zwanziger Jahre noch nicht einmal das Vorkriegsniveau wiedererreicht, während andere Länder sich demgegenüber noch um bis zu 50% steigern konnten.[117] Insgesamt sank der Anteil Deutschlands an der Weltindustrieproduktion um fast ein Fünftel gegenüber 1913 von 14,3% auf 11,6% im Durchschnitt der Jahre 1926 bis 1929.[118] Besonders krass wurde dies im Vergleich mit den USA deutlich. Entsprach der Gesamtanteil aller deutschen Weltexporte vor dem Krieg noch ungefähr dem der Vereinigten Staaten, so erfuhr dieses Verhältnis in den zwanziger Jahren eine sichtliche Verschiebung: die deutsche Quote am Weltmarkt hatte sich auf etwa die Hälfte der amerikanischen reduziert.[119]

Mit der Niederlage Deutschlands im Krieg verbanden sich nicht nur ökonomische Folgen wie die durch den Versailler Vertrag festgelegten Gebietsabtretungen, die auch die Kohlenreviere Lothringens, Oberschlesiens und der Saar einschlossen, der Verlust ausländischer Guthaben und Reparationen. Zusammen mit anderen Problemen, die nur teilweise durch die Inflation kaschiert wurden, bildeten sie ein in seinen Wechselwirkungen kompliziertes Geflecht, welches einen wirtschaftlichen Aufschwung nur schwer vorstellbar erscheinen ließ. Im Gegenteil, die Situation hatte sich im Vergleich zur Lage vor dem Krieg drastisch

---

115 Wolfram Fischer, Die Weimarer Republik unter den weltwirtschaftlichen Bedingungen der Zwischenkriegszeit, in: Hans Mommsen, Dietmar Petzina, Bernd Weisbrod (Hrsg.), Industrielles System und politische Entwicklung in der Weimarer Republik. Verhandlungen des Internationalen Symposiums in Bochum vom 12.-17. Juni 1973, Düsseldorf 1974, S. 26-50, hier S. 27; Preller, Sozialpolitik, S. 499.
116 James, Weltwirtschaftskrise, S. 30.
117 Dietmar Petzina, Werner Abelshauser, Zum Problem der relativen Stagnation der deutschen Wirtschaft in den zwanziger Jahren, in: Hans Mommsen, Dietmar Petzina, Bernd Weisbrod (Hrsg.), Industrielles System und politische Entwicklung in der Weimarer Republik. Verhandlungen des Internationalen Symposiums in Bochum vom 12.-17. Juni 1973, Düsseldorf 1974, S. 57-76, hier S. 65.
118 Fischer, Republik, S. 27. Bei diesen Angaben sind die durch den Versailler Vertrag festgelegten Gebietsveränderungen bereits berücksichtigt.
119 Die Angaben beziehen sich auf Costigliola, Dominion, S. 142. Für das Jahr 1913 werden 11,4% deutschen und 12,4% amerikanischen Anteil am Welthandel ausgemacht. 1929 hatte sich dieses Verhältnis gravierend verändert: 9% deutschem Anteil standen 16% des amerikanischen entgegen.

verschlechtert. Der Volkswirtschaft sollte es das gesamte Nachkriegsjahrzehnt hindurch nicht wieder gelingen, das Produktionsniveau von 1913 zu erreichen. Auch industrielle Konzentrationsprozesse konnten nicht verhindern, dass die Zuwachsraten des Sozialprodukts stagnierten oder gar zurück gingen.[120] Nicht so hingegen die Löhne; sie steigerten sich in einem Maße, mit dem die Produktion nicht mithielt. Dieser Reallohnanstieg ist in der Forschung umstritten, nicht zuletzt in seiner Bedeutung für die Entwicklung der Erwerbslosenquote.[121] Bereits seit dem Ende der Inflation 1924 stieg die Zahl der Arbeitslosen wieder deutlich an und sollte sich in den folgenden Jahren rasch weiter erhöhen.[122] So traf die große Krise von 1929 die deutsche Wirtschaft umso härter, weil ihr kein kontinuierlicher, nennenswerter Aufschwung vorausgegangen war. Zwar gab es ein gering-

---

120 Knut Borchardt, Zwangslagen und Handlungsspielräume in der großen Weltwirtschaftskrise der frühen dreißiger Jahre. Zur Revision des überlieferten Geschichtsbildes, in: ders., Wachstum, Krisen, Handlungsspielräume der Wirtschaftspolitik. Studien zur Wirtschaftsgeschichte des 19. und 20. Jahrhunderts (=Kritische Studien zur Geschichtswissenschaft, Band 50), Göttingen 1982, S. 165-182, hier S. 176.
121 Borchardt, Zwangslagen, S. 176-178. Das Hervorheben des überhöhten Lohnniveaus und seine Bedeutung für den Anstieg der Arbeitslosigkeit ist ein wichtiges Argument Borchardts, der einer Alternative zur deflationären Politik des Reichskanzler Brüning in der Endphase der Weimarer Republik weder Möglichkeiten der Realisierung noch Chancen zum Erfolg einräumt. Diese in der wissenschaftlichen Diskussion als 'Borchardt-Kontroverse' bekannte Frage, ob und welcher Spielraum für eine Wirtschaftspolitik nach 1929 bestanden hat, war schon in der zeitgenössischen Diskussion strittig, siehe Preller, Sozialpolitik, S. 319-322. Auf die Schwierigkeiten, die einer eindeutigen Antwort des Problems entgegenarbeiten, ob und in welchem Maße der Reallohn wirklich gestiegen war, weisen zahlreiche Autoren hin, z. B. Weisbrod, Schwerindustrie, S. 87-89 und S. 131-142; James, Weltwirtschaftskrise, S. 193-197; Michael Schneider, Höhen, Krisen und Tiefen. Die Gewerkschaften in der Weimarer Republik 1918 bis 1933, in: Klaus Tenfelde u. a., Geschichte der deutschen Gewerkschaften von den Anfängen bis 1945, Köln 1987, S. 279-446, hier S. 334 und S. 351ff.; Hentschel, Sozialpolitik, S. 76; Schönhoven, Gewerkschaften, S. 156-158. Ebenso umsichtig wie informativ erläutern Potthoff, Gewerkschaften, S. 98-107, S. 133-151 und Winkler, Schein, S. 46-57, die Lohnproblematik, wobei beide der These Borchardts widersprechen. Auf alle Fälle aber unterstreicht die Intensität, mit der Unternehmer und Gewerkschaften damals die Frage der Einkommen zur Sprache brachten, die Bedeutung, die diesem Thema innerhalb der zahlreichen und schwerwiegenden Probleme, mit denen die Wirtschaft jener Zeit belastet war, zukam.
122 Zur Entwicklung der Arbeitslosigkeit zwischen 1924 und 1928 siehe Wladimir Woytinski, Der deutsche Arbeitsmarkt. Ergebnisse der gewerkschaftlichen Arbeitslosenstatistik 1919 bis 1929, Band 1, Berlin 1930, S. 87 und Konjunkturstatistisches Handbuch 1933, Berlin 1933, S. 15, zitiert nach Winkler, Schein, S. 29f.

fügiges Wachstum des Volkseinkommens um 6% gegenüber 1913, welches aber gegenüber den Wachstumsraten anderer Länder und angesichts des kriegsbedingten Rückstandes ein Zurückfallen, allenfalls Stillstand bedeutete.[123] Ein kontinuierliches Wachstum gab es nicht. Auf Phasen kräftigen Zuwachses folgten schnell wieder solche des Rückgangs und das durchschnittliche Niveau der Industrieproduktion erhöhte sich bereits ab Mitte 1927 nicht mehr.[124] Gerade im internationalen Vergleich verlor die Produktion zunehmend an Boden. Die Wachstumsraten der Industrieproduktion konnten zu keinem Zeitpunkt den Weltdurchschnitt erreichen, weshalb sich die deutsche Wirtschaft insgesamt, auch wenn ein leichter Aufschwung verzeichnet werden konnte, im Zustand relativer Stagnation befand. Die durch die Niederlage im Krieg entstandene Schuldnerstellung Deutschlands arbeitete einem Aufbau der Wirtschaft aus eigenen Kräften entgegen. Die zu diesem Zweck vom Ausland bereitgestellten Mittel machten das Deutsche Reich vom Land der Kapitalausfuhr zu dem der Kapitaleinfuhr.[125] Auch nach Inflation und Dawes-Plan war man sich bewusst, in welch hohem Maße die deutsche Wirtschaft durch einen keineswegs gesicherten Zufluss an ausländischem Kapital krisenanfällig blieb.[126] Nicht zuletzt deshalb stand auch in den stabileren fünf Jahren von 1924 bis 1929 die deutsche Wirtschaft auf sehr schwachen Beinen. Ihr Kennzeichen war nicht Wachstum, sondern der hart geführte Kampf um die Verteilung der Lasten einer 'kranken' Wirtschaft.[127] Angesichts dieser

---

123 Dieses Wachstum wurde zudem überwiegend von den 'neuen' exportorientierten Industrien der Elektrotechnik, Chemie und des Maschinenbaus getragen, siehe Winkler, Schein, S. 26f. und Potthoff, Gewerkschaften, S. 81.
124 Borchardt, Ursachen, S. 194. Dagegen versucht Petzina, Stagnation, S. 64f., zu zeigen, dass das Vorkriegsniveau ab 1927 wieder erreicht und überholt wurde. Doch kommt auch er nicht umhin festzustellen, dass dieses Wachstum äußerst gering war und auch wegen seiner kurzen Dauer kaum ins Gewicht fiel.
125 Borchardt, Ursachen, S. 196f.
126 James, Weltwirtschaftskrise, S. 143; Preller, Sozialpolitik, S. 505.
127 Borchardt, Zwangslagen, S. 176 und S. 179. Verteilungskampf meint hier nicht nur die einseitige Fixierung auf die Verteilung des knappen Sozialprodukts gegenüber einer Produktionspolitik, wie es z. B. Borchardt, Ursachen, S. 201f., als wesentliches Merkmal der Weimarer Wirtschaft festgestellt hat. Vielmehr ist die Auseinandersetzung über die Gestaltung des Wirtschaftslebens überhaupt gemeint, also die Frage, wem welches Mitspracherecht bei Produktion und Verteilung eingeräumt wird und welcher Art die Beziehungen der an diesem Prozeß beteiligten Gruppen sein sollen, beziehungsweise wie diese geregelt werden sollen.

Schwierigkeiten konnten grundlegende Auseinandersetzungen um eine angemessene Reaktion auf wirtschaftlichem, aber auch sozialpolitischem Gebiet nicht ausbleiben.

2.2.1. Die Unternehmer im Ringen um die 'freie Wirtschaft'

Mit dem politischen Umbruch nach Kriegsende ging ein Problem einher, das sich schon in den Jahren des Krieges angedeutet hatte und die gesamte Zeit der Republik sich durchhalten sollte, ohne eine wirkliche Lösung zu finden, nämlich das der Chancen und Möglichkeiten freien Unternehmertums überhaupt.[128] Hatte die Sozialgesetzgebung bis 1914 die freie Entscheidung des Unternehmers über seinen Betrieb noch unangetastet gelassen, so sollte sich dies mit der Mobilisierung der Wirtschaft für den Krieg ändern. Das 'Vaterländische Hilfsdienstgesetz' von 1916 bedeutete einen tiefgreifenden Einschnitt in die bisher gewährleistete Autonomie unternehmerischer Entscheidungen. Mit der rechtlich fixierten Anerkennung der Gewerkschaften als Vertreter der Arbeitnehmerinteressen fand der Konflikt zwischen Arbeit und Kapital seine Institutionalisierung, das Verhältnis von Staat, Unternehmer und Arbeitnehmer wurde auf eine neue Grundlage gestellt. Diese Einschnitte in die Freiheit unternehmerischer Entscheidungen, die auch Produktion und Preise, Löhne und Absatz kontrollierte und in die Arbeitsverhältnisse eingriff, hinterließ, obwohl sie nach dem Krieg formell abgeschafft wurde, der neuen Republik ein wichtiges Erbe: die Ausweitung staatlicher Autorität auf den Bereich des Ökonomischen. Dieser Wirtschaft, die die freie Verfügungsgewalt des Unternehmers zugunsten der Staatsmacht und der Gewerkschaften beschnitt, galt der Kampf der Unternehmer in der Republik von Weimar.[129] Ziel war die Wiedererlangung unternehmerischer Freiheit, die 'freie Wirtschaft'.[130]

Noch im Frühjahr 1918 hatten die Unternehmer die Aufhebung des 'Hilfsdienstgesetzes' unmittelbar mit der Beendigung des Krieges verknüpft, um so zur alleinigen Verfügungsgewalt über den Betrieb

---

128 Preller, Sozialpolitik, S. 496.
129 Preller, Sozialpolitik, S. 496.
130 Diesen Kampf zur Erreichung dieses Ziels schildert am Beispiel der westdeutsche Kohle, Eisen- und Stahlindustrie Weisbrod, Schwerindustrie, S. 395-413.

zurückzukehren.[131] Dabei hatten neue betriebliche Organisationsformen hatten schon vor der Jahrhundertwende begonnen, das traditionelle Bild des Unternehmers als omnipotentem Patriarchen zu verändern. Das Wirtschaftsleben wurde zunehmend von Großkonzernen geprägt. Ein solcher, sich zusehends ausdifferenzierender Betrieb machte zusammen mit der Notwendigkeit der besseren Vermarktung der Erzeugnisse entwickeltere Strukturen zur Führung des Unternehmens nötig. An dessen Spitze stand nun der leitende Angestellte, der Manager, der immer mehr den Unternehmer traditionellen Stils verdrängte.[132] Der 'Herr im Haus' wurde um den betriebswirtschaftlich denkenden und vornehmlich an der Effizienz orientierten Manager ergänzt und zunehmend durch diesen ersetzt.[133]

Doch auch für diesen neuen Typus des Unternehmers blieb es nach dem Krieg das wichtigste Ziel, zur uneingeschränkten Führung des Betriebes zurückzukehren.[134] Ermutigt sah man sich in dieser Absicht auch durch die Schlüsselrolle, die der produzierenden Industrie im Krieg zugekommen war und die ihre Ansprüche gegenüber denjenigen der Konsumenten hervorhob.[135] Schon wenige Monate später war dieses Ziel allerdings in weite Ferne gerückt. Durch die sich immer klarer abzeichnende Niederlage im Krieg deutete sich eine Umwälzung der wirtschaftlichen und sozialen Verhältnisse an, bei der die Frage der Besitzverhältnisse eine zentrale Rolle spielen würde. Angesichts dieser Bedrohung konnte das Ziel nun nicht mehr eine Etablierung unumschränkter Herrschaft im Unternehmen sein, sondern musste sich auf die Abwehr von Sozialisierung, Verstaatlichung und Revolution, auf die Wahrung des Privateigentums überhaupt konzentrieren.[136] Es galt, das Primat der Wirtschaft über eine ungewisse Politik zu sichern. Diese Angst vor der Revolution ließ die

---

131 Michael Schneider, Unternehmer und Demokratie. Die freien Gewerkschaften in der unternehmerischen Ideologie der Jahre 1918-1933 (=Schriftenreihe der Friedrich-Ebert-Stiftung, Band 116), Bonn-Bad Godesberg 1975, S. 36.
132 James, Weltwirtschaftskrise, S. 167.
133 Vor diesem Hintergrund erscheint eine strikte Trennung des Unternehmers vom leitenden Angestellten nicht mehr sinnvoll, siehe Berghahn, Americanisation, S. 6. Im Folgenden soll deshalb mit dem Begriff des 'Unternehmers' oder 'Wirtschaftsführers' die ganze Vielfalt der mit der Leitung privatwirtschaftlicher Organisationen befasster, für die deutsche Wirtschaft maßgeblicher Personen gemeint sein.
134 Siehe hierzu mit Beispielen James, Weltwirtschaftskrise, S. 166-171.
135 Feldman, Industrie, S. 21.
136 Schneider, Unternehmer, S. 17; ders., Höhen, S. 289.

Arbeitgeber zu der Einsicht gelangen, dass nicht gegen, sondern mit den Arbeitnehmern der Neuaufbau der deutschen Wirtschaft zu leisten sei. Dies verlangte eine Zusammenarbeit mit den Vertretern der Freien Gewerkschaften, welche die radikalisierte Masse der Arbeiter vom Projekt des revolutionären Umsturzes lösen und gleichzeitig auf die ökonomische Wiederbelebung einer auf privatem Eigentum basierenden Wirtschaftsform verpflichten sollte.[137]

Die Sicherung des Privateigentums und der betrieblichen Autonomie vor staatlicher Bevormundung schien mit dem Bündnis mit den Gewerkschaften teuer erkauft. Zwar trug das Arbeitsgemeinschaftsabkommen vom 15. November 1918 nach Meinung der Arbeitgeber zur Abwehr von Bolschewismus und Chaos bei und verschaffte die ersehnte Freiheit bei der Gestaltung der Preise.[138] Außerdem wurde es als Schritt aus der lähmenden Isolation der Unternehmerschaft hin zu einer aktiven Gestaltung der ökonomischen und sozialen Verhältnisse verstanden. Dem standen aber große Zugeständnisse an die Gewerkschaften gegenüber, die im Unternehmerlager auf starke Ablehnung stießen.[139] Neben der wichtigsten Vereinbarung, der Anerkennung der Gewerkschaften als "berufene Vertreter der Arbeiterschaft"[140], war es vor allem die Aufgabe der Unterstützung für die wirtschaftsfriedlichen Hirsch-Dunckerschen Gewerkvereine und die Festsetzung der täglichen Arbeitszeit auf acht Stunden, die Anlass massiver Einwände waren. Diese Einwände waren nicht zuletzt Ausdruck eines schnell wiedergewonnenen Selbstbewusstseins der Wirtschaftsführer, denen es mit der aus dem Novemberabkommen hervorgegangenen 'Zentralarbeitsgemeinschaft der industriellen und gewerblichen Arbeitgeber und Arbeitnehmer Deutschlands' (ZAG) bei allem Entgegenkommen gelungen war, die Produktion in privaten Händen zu belassen und den Staat zunächst aus dem Wirtschaftsleben weitgehend herauszuhalten. Die Neugestaltung der Arbeitsbeziehungen brachte für die Gewerkschaften im Vergleich zur Vorkriegszeit enorm erweiterte

---

137 Fritz Blaich, Staatsverständnis und politische Haltung der deutschen Unternehmer 1918-1930, in: Karl Dietrich Bracher, Manfred Funke, Hans-Adolf Jacobsen (Hrsg.), Die Weimarer Republik 1918-1933. Politik — Wirtschaft — Gesellschaft, Bonn 1988², S. 158f.
138 Mommsen, Scheitern, S. 30.
139 Siehe hierzu Feldman, Industrie, S. 30-40.
140 So der Ausgangspunkt der Vereinbarung, zitiert nach Feldman, Industrie, S. 135.

Wirkungsmöglichkeiten. Für die Führer der Wirtschaft hingegen war genau die Verbindung von privatem Eigentum und weitestgehendem Ausschluss des Staates von ökonomischen Fragen von allergrößter Bedeutung. Dennoch war die ZAG kein Rückschritt im Streben nach unternehmerischer Unabhängigkeit. Vielmehr war sie ein Mittel, welches das aus Unternehmersicht Schlimmste, nämlich die Übernahme der Produktionsmittel durch sozialistische beziehungsweise kommunistische Kräfte, verhindern konnte. Mit der Zentralarbeitsgemeinschaft schien also auch das Fundament gelegt, in einer auf Privateigentum basierenden Wirtschaft des Marktes die Herrschaft des Unternehmers über den ökonomischen Kreislauf wiederherzustellen und die sozialpolitischen Errungenschaften der frühen Nachkriegszeit rückgängig zu machen.[141] Die Arbeitsgemeinschaft war ein erzwungenes Arrangement in der prekären Situation unmittelbar nach Kriegsende.[142] Sie stellte aber zugleich jene Basis dar, von der aus die weitere Revision der Wirtschaft, die "nun einmal die Grundlage des Staates"[143] war, erfolgen sollte. Sie war der erste Schritt zum 'status quo ante'.

Schon früh lassen sich die restaurativen Absichten der deutschen Wirtschaftsführer erkennen. In der Rechtfertigung der Vereinbarungen der ZAG vor Vertretern des Unternehmerlagers kündigt der Geschäftsführer der Vereinigung der Deutschen Arbeitgeberverbände (VDA), Fritz Tänzler, die langfristige Strategie an. Man wollte zwar noch Rücksicht auf die Gewerkschaften nehmen, die man als Verbündete im Kampf gegen Sozialisierung und staatliche Intervention gebraucht hatte und für die Bewältigung einer schwierigen wirtschaftlichen Situation vielleicht noch brauchen würde. Wohin aber langfristig der Weg führen sollte, wurde offen bekannt. Nachdem die Vorherrschaft der Wirtschaft über die Politik gesichert schien, wollten die Unternehmer nunmehr beginnen, auch den Bereich des Sozialen unter den des Ökonomischen zu zwingen.

---

141 Berghahn, Americanisation, S. 17. Ähnlich auch Hentschel, Sozialpolitik,S. 67, der im Stinnes-Legien-Abkommen die Tradition kapitalistischen Unternehmertums bestätigt sieht; Schneider, Höhen, S. 293, erkennt den Vorteil für die Unternehmer vor allem in dem damit gewährleisteten Zeitgewinn, der es erlaubt habe, deren Macht zu stärken und auszubauen.
142 Berghahn, Americanisation, S. 16.
143 Köttgen, Amerika, S. 55.

Das Ziel ging erheblich weiter und tiefer. Es richtete sich und richtet sich noch heute auf die Zukunft. Es gilt, die Arbeiterschaft mehr als es bisher geschehen ist, und mehr als es bisher möglich war, auch in den Gedankenkreis, in das Verständnis der wirtschaftlichen Dinge einzuführen [...], ihnen die Gelegenheit zu geben, Einsicht zu nehmen in die wirtschaftliche Lage, in die wirtschaftlichen Auffassungen, in die wirtschaftlichen Zusammenhänge, die ja die Grundlage aller sozialpolitischen und Lohnforderungen bilden, um sie dann nicht etwa in Kämpfen zu besiegen, sondern sie zu überzeugen, wo die Grenze liegt, bis zu der sich Sozialpolitik und Wirtschaft vereinigen lassen.[144]

Trotz vieler Leistungen der ZAG hing ihr Erfolg letzten Endes von den Arbeitsbeziehungen ab.[145] Ihr Erfolg musste sich an den Regelungen über Löhne, Preise, Arbeitszeit, allgemeine Arbeitsbedingungen und dem Klima der Tarifbeziehungen überhaupt, also dem weiten Feld der Sozialpolitik, beweisen.[146] Bedingt durch die knappen Mittel der stagnierenden zwanziger Jahre verbanden sich ökonomische Probleme und soziale Fragen zu einem Nullsummenspiel, bei dem jeder Gewinn der einen Seite scheinbar zwangsläufig mit einem Verlust für die andere verbunden war. Jedweder Nachteil musste angesichts einer Volkswirtschaft, welche kaum einmal über den Zustand der Stagnation hinauskam, besonders schwer wiegen. Mit dem zunehmenden Schwund an Kooperationsbereitschaft, rückten diese Fragen in das Zentrum eines immer härter geführten Verteilungskampfes.

Besonders die Phase der Hyperinflation machte diese Entwicklung offenkundig. Mehrarbeit und Lohnkürzungen waren die Mittel, mit denen die Unternehmer die Wirtschaft stabilisieren wollten. In einer zweitägigen Debatte innerhalb der ZAG über die wirtschaftliche Lage und die sich aus ihr ergebenden Anforderungen wendeten sich die Arbeitgeber zum ersten Mal offen und deutlich gegen die Arbeiterschaft. Wiederholte das Geschäftsführende Präsidialmitglied des 'Reichsverbandes der Deutschen Industrie' (RDI), Hermann Bücher, noch einmal die wohlbekannte Formel von der "Rückkehr zur freien Wirtschaft"[147], so ließ Fritz Tänzler keinen

---

144 Mitteilungen der Vereinigung der deutschen Arbeitgeberverbände vom 2. 1. 1919, S. 2, zitiert nach Feldman, Industrie, S. 34.
145 Zu den Erfolgen der ZAG siehe Feldman, Industrie, S. 59-80.
146 Feldman, Industrie, S. 80.
147 Niederschrift der Sitzung des Zentralvorstandes der ZAG am 10./11. 11. 1922 über die gegenwärtige Wirtschaftslage und die sich daraus ergebenden Fragen, Zentrales

Zweifel aufkommen, was damit gemeint war. Trotz eines damit verbundenen Ansteigens der Arbeitslosigkeit konnten nur mit einer längeren Arbeitszeit die Kosten gesenkt und somit die Wettbewerbsfähigkeit der deutschen Wirtschaft gesichert werden. Erst die dadurch einsetzende Produktivitätssteigerung konnte dann unter Umständen mit Lohn- und Gehaltserhöhungen verbunden werden.[148] Lohnsteigerung hätte Preiserhöhung, Absatzschwierigkeiten, Verlust der Konkurrenzfähigkeit und damit einen noch stärkeren Produktionsrückgang und höhere Arbeitslosigkeit zur Folge gehabt.[149] Zuerst mussten die Unternehmen Gewinn machen indem die Produktionskosten und damit auch Lohnkosten gesenkt wurden, bevor der sich dadurch ergebende Profit in Form höherer Löhne an die Arbeiter weitergegeben werden konnte. Der Vorsitzende des RDI, Kurt Oskar Sorge, versuchte, die Devise der Unternehmer hinter dem Appell an eine tugendhafte Arbeitshaltung zu verbergen. Anstelle der Einfrierung der Löhne, höheren Arbeitszeiten und der Einschränkung der Interessenvertretung der Arbeitnehmerschaft wurde von ihm schlichtweg "Sparsamkeit, Arbeitsintensität und der Wille zur Ordnung"[150] gefordert. Neben dem gemeinsamen Anliegen, zur Festigung der Wirtschaft beizutragen, hatte die französische Besetzung des Ruhrgebiets im Jahr 1923 noch einmal kurzfristig noch einmal die Bereitschaft zur Zusammenarbeit geweckt. Zur Notwendigkeit der Kooperation, wenn auch unter dem Gesichtspunkt gegenseitiger Kontrolle, kam der Zusammenhalt gegen den gemeinsamen äußeren Feind hinzu. Mit der in ihrem Ausmaß nicht vorhergesehenen Hyperinflation desselben Jahres verschwand aber auch dieser letzte Rest an Gemeinsamkeit.

Über die Ursachen und politischen Zusammenhänge der ökonomischen Misere bestand mit den Gewerkschaften zwar Einigkeit, nicht jedoch wie man ihr begegnen sollte.[151] Der Versuch, die Inflation durch die Koppelung der Löhne an das Gold für die Arbeitnehmer erträglicher zu

---

Staatsarchiv der DDR, Abteilung I, Potsdam, Band 31, Bl. 75, zitiert nach Feldman, Industrie, S. 99.
148 Zit. nach Feldman, Industrie, S. 99f.
149 Schneider, Unternehmer, S. 66f.
150 Niederschrift der Sitzung des Zentralvorstandes der ZAG am 10./11. 11. 1922 über die gegenwärtige Wirtschaftslage und die sich daraus ergebenden Fragen, Zentrales Staatsarchiv der DDR, Abteilung I, Potsdam, Band 31, Bl. 348f., zitiert nach Feldman, Industrie, S. 102.
151 Feldman, Industrie, S. 117.

gestalten, stieß bei den führenden Vertretern der deutschen Wirtschaft auf Ablehnung. Auch hier verbanden sie die Goldlohnfrage mit einer zuvor zu erbringenden höheren Produktivität. Und wo einzelne Unternehmer bereit waren, dem Goldlohn zuzustimmen, hatte dies nur zum Ziel, damit wieder die gewünschte Lohnspanne einzuführen, die Arbeitszeit zu verlängern beziehungsweise das Lohnniveau zu senken.[152] Unbeirrt wiederholten die Arbeitgeber ihr ökonomisches Dogma, wonach erst eine vergrößerte Produktivität und höhere Profite eine Erhöhung des Konsums und so ein echtes Wirtschaftswachstum nach sich ziehen würden.[153] Es mussten lediglich die Gesetze der Ökonomie, in die die Unternehmer 'qua natura' eine tiefere Einsicht zu haben glaubten, wieder zur Entfaltung kommen. Mit zu kurzen Arbeitszeiten, zu hohen Löhnen und massiver Intervention von Seiten des Staates konnte dies ihrer Ansicht nach jedenfalls nicht gelingen.

So war die Arbeitsgemeinschaft ein Mittel geworden, das zur Abwehr der als repressiv verstandenen Politik der Einmischung des Reichsarbeitsministeriums dienen sollte. Noch einmal wurde der Versuch unternommen, innerhalb der ZAG die staatliche Zwangsschlichtung durch ein ausschließlich zwischen den Tarifparteien ausgehandeltes Schiedsverfahren abzulösen.[154] Damit zeigte sich zum letzten Mal, wohin sich die ZAG, in der man nie mehr als ein zeitlich begrenztes Zweckbündnis sah, entwickelt hatte.[155] Sie war ein Instrument in den Händen der Wirtschaftsführer geworden, mit dem diese sich den Staat vom Leibe halten und durch das Unterlaufen der vereinbarten Bestimmungen zugleich die Gewerkschaften unterwerfen wollte. Der Versuch der Schwerindustrie im September 1923, die Schichtzeit zu verlängern und damit den laufenden Tarifvertrag zu brechen, zeigte aber auch, wie groß bei Teilen der Unternehmerschaft die Bereitschaft war, sogar diese instrumentelle Funktion der Arbeitsgemeinschaft und damit das Abkommen überhaupt aufs Spiel zu setzen.[156] Das zunehmend aggressive Vorgehen vor allem der Schwerindustrie hatte nicht nur zur Folge, dass nun das bei den Gewerkschaften

---

152 Feldman, Industrie, S. 121.
153 Preller, Sozialpolitik, S. 319f.
154 Feldman, Industrie, S. 124.
155 Schönhoven, Gewerkschaften, S. 125.
156 Blaich, Staatsverständnis, S. 167.

ohnehin schwindende Vertrauen unwiederbringlich verloren ging.[157] Dieses Gebaren war auch Ausdruck einer Haltung, die in der ZAG immer mehr die Fessel eines freien Unternehmertums ausmachte, von der es sich so schnell wie möglich zu befreien galt. Auch ein letzter Versuch der Vermittlung der Tarifpartner konnte deshalb die endgültige Auflösung der ZAG am 3. März 1924 nicht mehr verhindern. Die Auflösung der ZAG zeigte nur an, was sich faktisch schon vollzogen hatte: das Ende der sozialen Verständigung vonseiten der Unternehmer.

Der Kampf der Wirtschaftsführer um mehr unternehmerische Freiheit erreichte nun eine neue Qualität. Mit dem Ende der Inflation kam auch das Ende der auf Kosten der Währungsstabilität finanzierten Nachfrage. Zugeständnisse, die zu Zeiten des Verfalls des Geldwertes noch leicht gefallen waren, sollten nun korrigiert beziehungsweise rückgängig gemacht werden.[158] Das angestrebte Wirtschaftswachstum blieb natürlich oberstes Ziel. Doch dessen Fundament, die Regelung der Arbeitsbedingungen durch die Tarifparteien, wurde mehr und mehr aufgegeben und durch das Konzept des sogenannten 'Wirtschaftsfriedens' ersetzt. Die Gestaltung der Arbeitsverhältnisse sollte nun nicht mehr das Ergebnis von kollektiven Verhandlungen zwischen Arbeitgebern und Arbeitnehmern sein, sondern das Resultat einer unter der weisen Obhut des Unternehmers organisierten Betriebes. Der Gedanke der Gestaltung der wirtschaftlichen und sozialen Ordnung, blieb im Kampf gegen die Gewerkschaften ausschließlich den vermeintlich umsichtigen Vertretern der Wirtschaft vorbehalten. Hierzu gehörte, "daß für die Führung der einzelnen Betriebe nur der Unternehmer allein die Verantwortung tragen kann [...]."[159] Soziale Ansprüche hatten sich nunmehr vollständig dem Bereich der Ökonomie unterzuordnen, die den Spielraum für eine Regelung der verschiedenen

---

157 Es war auch die Schwerindustrie, die Ansätze einer Wiederbelebung der ZAG im Jahre 1926 sabotierte, siehe Feldman, Industrie, S. 125. Zwar kann die Rolle der Montanindustrie in den Revisionsanstrengungen der Unternehmerschaft als federführend bezeichnet werden, siehe ebd., S. 120f.; Potthoff, Gewerkschaften, S. 90 und Schneider, Unternehmer, S. 14. Eine Sonderrolle konnte und wollte dieser bedeutende Sektor innerhalb der korporativistischen Organisationstendenzen der Wirtschaft dennoch nicht spielen, siehe James, Wirtschaftskrise, S. 176f. Anders dagegen Weisbrod, Schwerindustrie, S. 17f. und S. 20-25, der der Schwerindustrie eine die Wirtschaft dominierende und den Staat bedrohende 'Veto-Position' bescheinigt.
158 Borchardt, Zwangslagen, S. 180.
159 So der Langnamverein 1928, zitiert nach Weisbrod, Schwerindustrie, S. 492.

Interessen von Kapital und Arbeit vorgab. Der soziale Interessenausgleich sollte in die Betriebe selbst und damit vornehmlich in die Hände des Unternehmers zurückverlagert werden, um so den Anspruch der Gewerkschaften, die Interessen der Arbeitnehmer zu vertreten, weiter zu untergraben, und damit die Gewerkschaften überhaupt in Frage zu stellen. Außerdem wurden diese auf die ökonomische Situation verpflichtet. Die Gewerkschaften hatten sich den scheinbar objektiven Notwendigkeiten der Wirtschaft unterzuordnen.

> Ändern die Gewerkschaften nicht auch ihre Betrachtungsweise über die sachlichen Wirtschaftsfragen und suchen sie keine Verständigung mit uns auf dem Boden der gegebenen Verhältnisse und mit dem Ziel nationaler Wirtschaftsfreiheit und nationalem Wirtschaftsaufstiegs, dann haben wir deutschen Arbeitgeber kaum noch etwas mit ihnen zu verhandeln. Sie würden sich dann in der Tat als eine Organisation darstellen, die nicht zur berufsständigen Förderung deutscher Arbeiterinteressen auf deutschem Boden und in der deutschen Wirtschaft arbeitet, sondern sich als Selbstzweck ihrer Funktionäre, als Fremdkörper zwischen Arbeitgeber- und Arbeitnehmerschaft einschiebt und den Wirtschaftsfrieden in den Betrieben stört.[160]

Der mittlerweile zum Präsidenten der VDA aufgestiegene Ernst von Borsig meinte 1926, dass die beste Sozialpolitik die Förderung der Wirtschaft sei.[161] Dahinter standen die wohlbekannte Gemeinplätze der Ablehnung jeglicher Arbeitszeitverkürzung, Lohnerhöhung und staatlicher Einmischung in den Arbeitsmarkt, wie sie zum Beispiel das 'Gesetz über Arbeitsvermittlung und Arbeitslosenversicherung' von 1927 darstellte. Neben sozialen Lasten und Steuern sahen die Wirtschaftsführer den größten Kostenfaktor in zu hohen Löhnen.[162] Diese Schwierigkeiten konnten nur eine Lösung finden, indem die Entscheidung über Produktion, Verteilung und deren Konditionen allein den Händen autonomer Unternehmer überlassen wurde. Im übrigen war dieser Anspruch durch deren Bedeutung für die gesamte Volkswirtschaft mehr als gerechtfertigt; schließlich würden die Kosten der Sozialpolitik im wesentlichen von den

---

160 Zitiert nach Schneider, Unternehmer, S. 58.
161 Siehe Preller, Sozialpolitik, S. 200.
162 Weisbrod, Schwerindustrie, S. 73f. und speziell für die Eisen- und Stahlbranche S. 77f.

Abgaben der Wirtschaft getragen.[163] Nur dieses auf Kompetenz in ökonomischen Fragen beruhende Unternehmertum arbeitete für "Staat und Volksgemeinschaft, deren stärkster Teil, [...] deren letzter Ernährer und Steuerschöpfer die Industrie in unserer Zeit geworden ist."[164] Zum 'Wirtschaftsfrieden' gesellte sich die 'Wirtschaftsfreiheit', die die Sachnotwendigkeit, von der ökonomische Fragen bestimmt waren, unterstrich. Beide Begriffe verwiesen auf die grundsätzliche Weigerung der Wirtschaftsführer, andere Interessensansprüche als die eigenen, zum Beispiel von staatlicher oder freigewerkschaftlicher Seite in Form von Sozial- und Steuerpolitik anzuerkennen.[165] Wer den Unternehmern widersprach, widersprach nicht den Interessen einer Partei im Arbeitskampf, sondern dem wirtschaftlich Notwendigen schlechthin. Vor allem der Achtstundentag und die Löhne waren die Punkte, die es vordringlich zu unterlaufen galt, um sie in einem letzten Schritt gänzlich rückgängig zu machen. Ohne diese Regelungen direkt anzugreifen, war es besonders der Charakter des Starren und Unflexiblen, mit dem man sich nicht abfinden wollte. Diese Kritik beinhaltete aber mehr als die Forderung, diese Abmachungen auf betrieblicher Ebene verändern zu können. Tatsächlich war eine solche Beurteilung wichtiger Bestandteil des unternehmerischen Strebens nach der Ablösung alter Fesseln. Das Verlangen nach flexiblen Vereinbarungen stellte das System kollektiver Verträge und damit der gemeinsamen Vertretung der Arbeitnehmer durch die Gewerkschaften überhaupt in Frage.

Zudem wurden, wie schon früher, die staatlichen Lohnfestsetzungen beklagt, welche die für die Wirtschaft so dringend benötigte Kapitalbildung verhindere. Lohnerhöhungen wurden zwar keineswegs auf grundsätzliche verweigert. Eine Steigerung der Einkommen war aber bereits vor der Ausarbeitung des Dawes-Plans noch mit dem Hinweis auf die damit verbundenen Schwierigkeiten bei der Begleichung der Reparationsschuld verworfen worden.[166] Nach 1924 wurde eine Anhebung der Löhne von einer zuvor erfolgten Steigerung der Profitrate abhängig gemacht. Zuerst

---

163 Blaich, Staatsverständnis, S. 171.
164 So der Staatswissenschaftler Karl Thiess auf einem Vortrag im März 1925 auf der Mitgliederversammlung des Vereins der Industriellen des Regierungsbezirks Köln, zitiert nach Schneider, Unternehmer, S. 54.
165 Schneider, Unternehmer, S. 54f.
166 Feldman, Industrie, S. 118.

mussten die Löhne und Lohnkosten eingedämmt werden, um internationale Wettbewerbsfähigkeit und Kapitalbildung im Innern zu gewährleisten. Erhöhter Verbrauch infolge höherer Einkommen war das Ergebnis, nicht die Voraussetzung einer gesunden Wirtschaft. "Der Lohn ist abhängig von der Gesamterzeugung des ganzen Landes und eines jeden Einzelnen. Auf die Produktion pro Mann kommt es an. Nicht der Lohn ist das Primäre, von dem alles ausgeht, sondern die Menge des Erzeugten."[167] Man sperrte sich nicht grundsätzlich gegen eine Erhöhung der Einkommen, diese wurde allerdings von einem wirtschaftlichen Aufschwung abhängig gemacht; erst wenn "die Industrie wieder regulär geht und die Gewinne wieder strömen, muß der Industrie selbst am meisten daran liegen, daß [...] das Geld rollt und umläuft."[168] Die unternehmerische Lohntheorie war wie die Kartellpolitik Ausdruck einer Haltung, die hohe Preise und kleinen Umsatz dem Gegenteil vorzog.[169] Die Worte Paul Silverbergs, eines Vertreters des Braunkohlebergbaus und unter anderem Vorstandsmitglied der VDA, der ein Jahr zuvor noch durch seine eher versöhnliche Haltung zu den Arbeitnehmern aufgefallen war, verdeutlichten die Entschiedenheit, mit der die Unternehmer ihre Absichten verfolgen wollten.[170] "Angesichts der außerordentlichen Gefährdung, in der wir in der deutschen Wirtschaft stehen" forderte er 1927 seine Mitstreiter aus der Arbeitgeberschaft auf, "auf irgendwelchen Wegen die Arbeiterschaft vor unseren Karren zu spannen."[171]

Noch einmal ein Jahr später, Ende 1928, sollte sich dann zeigen, wie weit sich Unternehmer und Gewerkschaften entfernt hatten. Mit dem Ruhreisenstreit, der sich nicht von ungefähr an der Frage der Löhne entzündet hatte, ging die letzte Möglichkeit des Interessenausgleichs verloren.[172] Offen verweigerten sich die Arbeitgeber staatlicher Schlich-

---

167 Köttgen, Amerika, S. 48.
168 So Thiess auf seinem Vortrag, zitiert nach Schneider, Unternehmer, S. 68. Merkwürdigerweise machten sich diese Argumentation auch Branchen zu eigen, für die ein Anstieg der Einkommen wahrscheinlich mit Vorteilen verbunden gewesen wäre, wie z. B. das Baugewerbe, siehe James, Weltwirtschaftskrise, S. 171.
169 Preller, Sozialpolitik, S. 303.
170 Siehe dessen sogenannte 'Dresdner Rede', die die Bereitschaft zur Zusammenarbeit mit den Gewerkschaften betonte. Dieses Angebot der Kooperation stand indes unter der eindeutigen Prämisse des Führungsanspruches der Industrie, siehe hierzu Weisbrod, Schwerindustrie, S. 246-272 und Blaich, Staatsverständnis, S. 172.
171 Zitiert nach Schneider, Unternehmer, S. 69.

tung und der Verbindlichkeitserklärung. Der soziale Konflikt hatte sich nicht nur verschärft, vielmehr eine neue Dimension erreicht, indem nun jeglicher Mechanismus, der ihn hätte ausbalancieren können, endgültig aufgegeben wurde. Die Verweigerung jeglichen Ausgleichs eskalierte zur grundsätzlichen sozialpolitischen Auseinandersetzung.[173] An die Stelle einer prinzipiellen Verständigungsbereitschaft in sozialen Fragen, deren Auflösung sich mit dem Ende der ZAG bereits angekündigt hatte, trat die Doppeltaktik von offener Konfrontation mit den Gewerkschaften und der Propagierung einer vom autoritären Unternehmer angeführten 'Werksgemeinschaft'.[174] "Entweder wird die Wirtschaft in Deutschland individualistisch geführt oder sie wird überhaupt nicht sein."[175] Ausdrücklich wurde nun gefordert, aus der Abwehrhaltung, in der sich die Industrie bis jetzt zu befinden glaubte, herauszutreten.[176] Die Offensive der Unternehmer hatte in Wirklichkeit jedoch schon mit dem Novemberabkommen begonnen.

2.2.2. Die Freien Gewerkschaften in der Defensive

War für die Unternehmer der Weimarer Staat mit einer nachteiligen Veränderung des traditionellen Status verbunden, so galt dies nicht für die Gewerkschaften. Schon während des Krieges hatte sich mit dem 'Hilfsdienstgesetz' angedeutet, dass ihr reformistischer Kurs, der jede soziale Veränderung auf die Grundlage der bestehenden Gesellschaft verpflichtete, sich bezahlt machen sollte. Ihr vordringliches Anliegen sahen die Freien Gewerkschaften dabei in der Sozialpolitik.[177] "Gewerkschaftspolitik ist Sozialpolitik"[178] wie der Vorsitzende der Generalkommission der freien

---

172 Zum Ruhreisenstreit siehe Weisbrod, Schwerindustrie, S. 415-456 und Winkler, Schein, S. 557-572.
173 Weisbrod, Schwerindustrie, S. 26-28.
174 Schneider, Unternehmer, S. 50; James, Weltwirtschaftskrise, S. 171; Schneider, Unternehmer, S. 68-71; Peter Hinrichs, Um die Seele des Arbeiters. Arbeitspsychologie, Industrie- und Betriebssoziologie in Deutschland 1871-1945, Köln 1981, S. 155-161.
175 So das Vorwort zum Tätigkeitsbericht des Langnamvereins 1927/1928, zitiert nach Weisbrod, Schwerindustrie, S. 491.
176 Blaich, Staatsverständnis, S. 173.
177 Schönhoven, Gewerkschaften, S. 12.
178 Zitiert nach Hans Mommsen, Klassenkampf oder Mitbestimmung. Zum Problem der Kontrolle wirtschaftlicher Macht in der Weimarer Republik (=Schriftenreihe der Otto-Brenner-Stiftung 9), Frankfurt 1978, S. 20, der wiederum zitiert nach Hein Josef

Gewerkschaften Deutschlands, Carl Legien, wiederholt erklärte. Mit der Anerkennung als rechtmäßige Interessenvertretung der Arbeiter hatte die Gewerkschaftsbewegung deshalb eine neue Qualität erreicht. Obwohl die tatsächliche Reichweite des 'Gesetzes zur Organisation des Arbeitseinsatzes' eher gering war, hatte es seine grundsätzliche Bedeutung in dem Umstand, dass sich die Gewerkschaften vom Bittsteller um sozialpolitische Zugeständnisse wandelten zum gleichberechtigten Teilnehmer bei der Gestaltung des sozialen Lebens.[179] Zwar konnte das 'Hilfsdienstgesetz' auch als wichtiger Schritt in Richtung Sozialismus betrachtet werden, entscheidend aber für die Gewerkschaften war zunächst die Einschränkung der unternehmerischen Alleinherrschaft in den Betrieben durch die rechtlich garantierte Mitbestimmung in allen Fragen der Lohn- und Arbeitsbedingungen.[180]

Wie bedeutsam der neue Status den Gewerkschaften war, sollte sich beim Zusammenbruch des Kaiserreiches erweisen. Der Reformkurs der Gewerkschaften schien durch die Erfolge während des Krieges bestätigt, sodass auch angesichts der Möglichkeit eines politischen Umsturzes im Namen der Arbeiterklasse die Gewerkschaften es vorzogen, das einmal Erreichte zu bewahren und weiterhin den gleichberechtigten Interessenausgleich zwischen Kapital und Arbeit zu verfolgen.[181] Die Verbesserung der Situation der Arbeiter sollte über den Aufbau der Wirtschaft und nicht durch Revolution und Verstaatlichung, die eine Erholung mehr gefährdeten als förderten, erfolgen. Angesichts einer durch die Anstrengungen des Krieges völlig ausgelaugten Wirtschaft, verhieß die revolutionäre Rätebewegung chaotische Verhältnisse im politischen und wirtschaftlichen Bereich, die nicht nur eine Verlängerung der überaus schlechten materiellen Lage der Arbeiterschaft befürchten ließ, sondern auch eine Zukunft, in der die Gewerkschaften unter Umständen sogar bedeutungslos werden würden.[182] Ziel war daher nicht ein Sozialismus, der nach eigener Einschätzung ohnehin nicht in einem Streich herbeigeführt werden konnte, sondern die Verhinderung einer ohnedies schon heiklen Notlage

---

Varain, Gewerkschaften, Sozialdemokratie und Staat. Die Politik der Generalkommission unter der Führung Carl Legiens (1890-1920), Düsseldorf 1957, S. 47.
179 Hentschel, Sozialpolitik, S. 60f.
180 Schönhoven, Gewerkschaften, S. 105.
181 Mommsen, Klassenkampf, S. 16.
182 Schneider, Höhen, S. 290.

der Arbeiterschaft[183] Ohne den ökonomischen Sachverstand der Industriellen, der ihnen auch von Gewerkschaftsseite zum Teil zugestanden wurde, schien der Übergang zu einer funktionierenden Friedenswirtschaft kaum möglich.[184] Nach dem Verfall der staatlichen Autorität, die die sozialpolitische Position in der Kriegswirtschaft garantiert hatte, konnten die Gewerkschaften ihren Weg des kollektiven und gleichberechtigten Interessenausgleichs — wenn überhaupt — nur im Bündnis mit den Unternehmern fortsetzen. Diese waren nunmehr aus Angst vor umfangreichen staatlichen Eingriffen oder gar Verstaatlichung bereit, für den Erhalt privatkapitalistischer Autonomie den Gewerkschaften jene Zugeständnisse zu machen, die deren im Krieg gewonnene Stellung bestätigten. Unternehmer wie Gewerkschaften waren sich in ihrem Bestreben einig, staatliche Bevormundung in Gestalt umfangreichen bürokratischen Demobilmachungsapparat zu verhindern. Mit den Vereinbarungen des Stinnes-Legien-Abkommens dokumentierten die Gewerkschaften nicht nur ihren Widerstand gegen eine revolutionäre Veränderung des politischen Systems, sondern auch die Bereitschaft, auf der Grundlage einer privatkapitalistisch verfassten Wirtschaft zu arbeiten. So wurden nicht nur soziale Leistungen wie der Achtstundentag festgelegt, vielmehr mit dem Tarifvertragsrecht, betrieblicher Mitbestimmung und einem Schlichtungswesen die Gewerkschaften als gleichberechtigter Verhandlungspartner mit kollektivem Vertretungsanspruch anerkannt.[185] Die Arbeitnehmerschaft wurde vom Objekt zum Subjekt der Sozialpolitik.[186] In der erstmals auch von der Unternehmerseite legitimierten Institutionalisierung des Konflikts zwischen Kapital und Arbeit hatten die Gewerkschaften ihre größte Errungenschaft.

Vordergründig schienen sich die hochgesteckten Erwartungen der Gewerkschaften mit der Anerkennung des kollektiven Tarifrechts und der Tarifhoheit sowie der Stärkung der eigenen Position durch die Zurückdrängung der liberalen Konkurrenzverbände und der Rätebewegung erfüllt zu sein.[187] Doch auch dies konnte nicht darüber hinwegtäuschen,

---

183 Feldman, Industrie, S. 28; Potthoff, Gewerkschaften, S. 80 und S. 185.
184 Feldman, Industrie, S. 21-23 und S. 96.
185 Schönhoven, Gewerkschaften, S. 114; Potthoff, Gewerkschaften, S. 86.
186 Preller, Sozialpolitik, S. 226; Potthoff, Gewerkschaften, S. 93.
187 Mommsen, Klassenkampf, S. 16; Schönhoven, Gewerkschaften, S. 123f.; Heinrich August Winkler, Von der Revolution zur Stabilisierung. Arbeiter und Arbeiterbewe-

dass die ZAG auch innerhalb der Gewerkschaftsbewegung immer umstritten war.[188] Die Abwendung vom Klassenkampf in einer Phase, in der es den Anschein hatte, dass dieser gewonnen werden konnte, fand nur eingeschränkte Zustimmung und ließ schon 1919 auf dem Nürnberger Kongress eine breite Opposition sich versammeln. Ein solcher Reformkurs auf dem Höhepunkt der Machtentfaltung stieß bei vielen Gewerkschaftern auf strikte Ablehnung. Zwar konnten sich die Befürworter der Arbeitsgemeinschaft noch durchsetzen, doch mit dem Austritt des Deutschen Metallarbeiter-Verbandes (DMV) verließ die bedeutendste, mitgliederstärkste Einzelgewerkschaft die ZAG, der sich in den folgenden Jahren noch weitere anschließen sollten. Der Ausgleich sozialer Gegensätze stand auch auf Seiten der Gewerkschaften auf wackligen Füßen.[189]

Dass die ZAG nicht die Plattform war, die sich die Gewerkschaften wünschten, um die Lösung sozialpolitischer Konflikte einvernehmlich auszuhandeln, zeichnete sich schon sehr bald ab. Die Unternehmer gingen im Tarifkonflikt in der Berliner Metallindustrie schnell wieder auf einen Konfrontationskurs, der die Zugeständnisse des Novemberabkommens zur Disposition stellte. Nicht Verhandlungen mit den Gewerkschaften, vielmehr staatliche Zwangsschlichtung, die die Notwendigkeit der Einigung der Tarifparteien aufhob, beendete den Konflikt.[190] So hatte sich die ZAG, die ihr wesentliches Motiv angesichts einer umfassenden Demobilmachungsbürokratie in der Zurückdrängung des Staates besaß, mit dem Instrument der Zwangsschlichtung selbst 'ad absurdum' geführt.[191] Hier und in der Frage der Außenhandelspolitik kündigte sich die defensive Rolle an, in die sich die Gewerkschaften, weil sie sich nicht auf den Weg gesellschaftlicher Revolution einlassen wollten, drängen ließen.[192] Die ohnehin harten Bedingungen des Friedens entzogen ihnen ohnehin viele Möglichkeiten der Mitgestaltung.[193] Der Umstand, dass es nicht gelang, zu

---

gung in der Weimarer Republik 1918 bis 1924 (=Geschichte der Arbeiter und Arbeiterbewegung in Deutschland seit dem Ende des 18. Jahrhunderts), Berlin, Bonn 1984, S. 76f.
188 Potthoff, Gewerkschaften, S. 171.
189 Feldman, Industrie, S. 50-52; Winkler, Revolution, S. 271; Schneider, Höhen, S. 292; Schönhoven, Gewerkschaften, S. 125f. und S. 131f.
190 Schönhoven, Gewerkschaften, S. 132; Hentschel, Sozialpolitik, S. 71.
191 Preller, Sozialpolitik, S. 227.
192 Feldman, Industrie, S. 72; S. 102; Mommsen, Klassenkampf, S. 20.
193 Feldman, Industrie, S. 75-77.

den Verhandlungen über den Friedensvertrag eine breite Masse von Arbeitern zu mobilisieren, machte die Unfähigkeit, ein wirksames Gegengewicht zur Industrie zu bilden, offenkundig. So war bereits 1920 der Zenit gewerkschaftlicher Macht überschritten.[194] In der Schwäche der ZAG manifestierte sich die Schwäche der Gewerkschaften.[195]

Die kämpferische Unnachgiebigkeit der Industrie, die immer wieder eine Erhöhung des Arbeitspensums einforderte, ohne diese von einer Erhöhung der Löhne begleiten zu lassen, machte auch den Gewerkschaften in zunehmenden Maße deutlich, wie sehr die Arbeitsgemeinschaft selbst Teil der sozialpolitischen Revisionstaktik der Unternehmer geworden war.[196] 1921 brachte Otto Hue vom Freien Bergarbeiterverband die Entwicklung auf den Punkt und beklagte, dass die Unternehmer dabei waren, "alles zu vergessen, was sie im Herbst 1918 und weiterhin erlebt haben. Sie sind dabei, den alten Herr-im-Hause-Standpunkt wieder aufzurichten, sie beweisen also eine fehlende Einsicht, wie es eine solche wohl selten gibt."[197] Ebenso wenig fand das Unterlaufen der Grundlage der ZAG, der Tarifautonomie, durch die staatliche Zwangsschlichtung, die keineswegs nur zugunsten der Gewerkschaften funktionierte, Zustimmung und führte letztendlich dazu, die ZAG grundsätzlich in Frage zu stellen.[198] 1922 erfolgte die faktische Kündigung der Arbeitsgemeinschaft durch den ADGB, weil immer offensichtlicher wurde, wie schwach das Durchsetzungsvermögen wirklich war.[199] Der unternehmerischen Offensive in der Sozialpolitik stand kein gleichwertiges Gegengewicht im Arbeitnehmerlager gegenüber. "Unsere Kräfte reichten nicht aus, diese Verbesserung der Lebenslage herbeizuführen"[200], wie das Vorstandsmit-

---

194 Schönhoven, Gewerkschaften, S. 136.
195 Feldman, Industrie, S. 95.
196 Winkler, Revolution, S. 418ff.
197 Zitiert nach Schneider, Höhen, S. 348, der wiederum zitiert nach Hans-Joachim Bieber, Gewerkschaften in Krieg und Revolution. Arbeiterbewegung, Industrie, Staat, Militär in Deutschland 1914-1920, Band 1, Hamburg 1981, S. 815.
198 Horst-A. Kukuck, Dieter Schiffmann, Einleitung, in: Herrmann Weber, Klaus Schönhoven, Klaus Tenfelde (Hrsg.), Quellen zur Geschichte der deutschen Gewerkschaftsbewegung im 20. Jahrhundert, Band 3/I: Die Gewerkschaften von der Stabilisierung bis zur Weltwirtschaftskrise 1924-1930, bearb. v. Horst-A. Kukuck, Dieter Schiffmann, Köln 1986, S. 9-80, hier S. 25ff.; Feldman, Industrie, S. 123.
199 Winkler, Revolution, S. 713ff.
200 Protokoll der Verhandlungen des 11. Kongresses der Gewerkschaften Deutschlands (1. Bundestag des Allgemeinen Deutschen Gewerkschaftsbundes). Abgehalten zu

glied des ADGB, Rudolf Wissell, feststellen musste. Immer deutlicher stellte sich heraus, dass die ZAG ein Fehlschlag war.[201] Die Radikalen konnten in ihr weder ihre Hoffnung als Mittel zum Übergang des Sozialismus erfüllen, noch verstanden es die Reformer, durch sie den Konsens von 1918 zu festigen. Die Macht der Gewerkschaften, die unauflösbar mit ihrer zahlenmäßigen Stärke verbunden war, sank mindestens in dem Maße, in dem die Zahl der Mitglieder abnahm.[202] Zu den Zeiten größter Machtentfaltung waren die Mitgliederzahlen zwischen Herbst 1918 und Sommer 1920 von knapp 1,5 auf 8,1 Millionen gestiegen. Allerdings reduzierte sich die Zahl bis 1924 im Zuge der Inflation und der nachfolgenden Währungsstabilisierung wieder um die Hälfte auf etwa 4 Millionen. Durch Inflation und Ruhrkampf finanziell am Ende und innerlich gespalten, waren die Gewerkschaften Ende 1923 immer weniger in der Lage, für die Interessen der Arbeitnehmer überzeugend und durchsetzungsfähig einzustehen.[203] Das Projekt, die eigenen Ziele auf dem Weg friedlicher Verständigung zu verfolgen, war gescheitert. Prestige, Ansehen und reale Einflussmöglichkeiten waren an einen Tiefpunkt gelangt, sodass der endgültige Abschied von der ZAG im Frühjahr 1924 kaum noch mehr als eine Randnotiz war.[204] Die Gewerkschaften befanden sich in der Defensive.[205]

Der rasche Zerfall des sozialpolitischen Konsenses musste in einer ökonomischen Lage, die ohnehin kaum etwas zu verteilen hatte, besondere Bedeutung erlangen. Die auffallende Abstinenz in wirtschafts- und finanzpolitischen Fragen, die man den Industriellen überlassen hatte und die deshalb zu Recht sich als Führer der Wirtschaft betrachten konnten, fand ihre Ausnahme in der Lohnpolitik. Gerade hier zeigte sich, wie sehr Wirt-

---

Leipzig am 17. und 18. Juni 1922, Berlin 1922, S. 498ff., zitiert nach Feldman, Industrie, S. 95.
201 Feldman, Industrie, S. 25.
202 Schönhoven, Gewerkschaften, S. 10.
203 Schönhoven, Gewerkschaften, S. 117; Potthoff, Gewerkschaften, S. 310. Dass sich die Gewerkschaften in der sozialpolitischen Auseinandersetzung schon 1923 in der eindeutig schwächeren Position befanden, war offensichtlich, siehe Preller, Sozialpolitik, S. 312.
204 Schneider, Höhen, S. 334 und S. 346; Schönhoven, Gewerkschaften, S. 136f. und S. 142.
205 Mommsen, Klassenkampf, S. 20.

schafts- und Sozialpolitik verschränkt waren.[206] Die Zurückhaltung in der Wirtschaftspolitik suchte man durch das Bemühen um Einkommenserhöhung zu kompensieren.[207] Schon früh waren sich die Gewerkschaften bewusst, dass neben der Verteidigung des Achtstundentages die Entwicklung der Reallöhne der Maßstab für ihren Erfolg war.[208] Und ebenso früh wurde jene Kaufkrafttheorie formuliert, die die Position der Gewerkschaften in der Lohnfrage die gesamten zwanziger Jahre hindurch prägen sollte.

Angedeutet hatte sich dieses Konzept bereits im Mai 1920 in einem Protest gegen die Ablehnung von Lohn- und Gehaltskürzungen. Am deutlichsten formuliert wurde es in einer Stellungnahme zu den lohnpolitischen Vorstellungen des VDA. Diese trat den Forderungen der Gewerkschaften entgegen, indem sie behauptete, dass die miserable Situation der Arbeiter nicht auf eine niedrige Entlohnung zurückzuführen war, sondern auf die hohe Arbeitslosigkeit. Dagegen wehrten sich die Gewerkschaften. Ihrer Ansicht nach konnte eine Senkung der Arbeitslosigkeit nur über eine Erhöhung der Einkommen erreicht werden.

---

206 Preller, Sozialpolitik, S. 319. Preller sieht in diesem Ungleichgewicht zwischen sozialpolitischem und ökonomischem Interesse den Grund für die Aushöhlung des Klassenkompromisses, siehe ebd., S. 525.

207 Schönhoven, Gewerkschaften, S. 138; Mommsen, Klassenkampf, S. 20f. und Michael Ruck, Einleitung, in: Herrmann Weber, Klaus Schönhoven, Klaus Tenfelde (Hrsg.), Quellen zur Geschichte der deutschen Gewerkschaftsbewegung im 20. Jahrhundert, Band 2: Die Gewerkschaften in den Anfangsjahren der Republik 1919-1923, bearb. v. Michael Ruck, Köln 1985, S. 9-63, hier S. 22f.

208 Weisbrod, Schwerindustrie, S. 131; Potthoff, Gewerkschaften, S. 100; Schneider, Höhen, S. 336. Aus diesem Grund wurde der Vorstand des ADGB um eine besondere Abteilung für Lohn- und Tarifpolitik erweitert, die die Lohnpolitik der einzelnen Verbände besser koordinieren sollte, siehe Ruck, Einleitung, S. 21.

Richtig ist, daß die durch den ungenügenden Reallohn geschaffene Notlage in der Arbeiterschaft durch die große Arbeitslosigkeit ungeheuer vergrößert wird. Die Notlage kann nur beseitigt werden sowohl durch die Erhöhung der Löhne wie die Beseitigung der Arbeitslosigkeit. Zu diesem Ziel paßt der Lohndruck wie die Faust aufs Auge. Senkung des Reallohnes bedeutet Senkung der Kaufkraft der breiten Masse, Rückgang der Produktion und Vermehrung der Arbeitslosigkeit. Nur durch die Steigerung der Kaufkraft bei den breiten Massen kann die Arbeitslosigkeit bekämpft werden.[209]

Eine Erhöhung der Löhne sollte also gerade nicht zu der von den Vertretern der Industrie befürchteten Steigerung der sowieso schon hohen Produktionskosten führen, sondern das Gegenteil bewirken. Durch die Steigerung der Einkommen sollte die Nachfrage angekurbelt, die Produktion erhöht und so die Kosten der Herstellung gesenkt werden.[210] Den Arbeitgebern, die in den Löhnen lediglich einen Faktor bei der Preisbildung sahen, ohne dessen Bedeutung für den Verbrauch erkennen zu wollen, stand das Konzept der Belebung des Binnenmarktes, in dem immerhin 80% der Produktion abgesetzt wurde, durch Erhöhung der Einkommen entgegen.[211] Auch die Gewerkschaften betonten dabei die Bedeutung dieser Maßnahme für die ganze Volkswirtschaft, "denn die Hebung der Kaufkraft und der Lebenshaltung ist notwendig und nutzbringend für die deutsche Wirtschaft und für das gesamte deutsche Volk."[212] Dabei vernachlässigten sie allerdings unter dem Eindruck des kontinuierlichen Kapitalzuflusses aus dem Ausland den Aspekt der Eigenkapitalbildung.[213] Der Widerspruch zwischen beiden Überzeugungen lässt sich daran bemessen, dass die vom ADGB verlangten Lohnerhöhungen letztendlich auf die Forderung nach einer Senkung der Profitrate hinausliefen und damit naturgemäß in das Zentrum unternehmerischen Selbstverständnisses zielte.[214] Der Streit um den Verbraucheranteil gegenüber

---

209 10. 4. 1924: Rundschreiben des Lohnpolitischen Ausschusses des ADGB zum lohnpolitischen Rundschreiben der VDA vom 28. 3. 1924, in: Weber, Quellen 3/I., S. 173.
210 Eine eindeutige Entscheidung über die Richtigkeit beider Theorien ist nicht zu treffen, siehe Borchardt, Ursachen, S. 196. Jedenfalls waren sich beide Parteien im Klaren darüber, wie wichtig neben anderen Faktoren gerade die Einkommen für die Nachfrage und damit für das Wirtschaftswachstum waren.
211 Kukuck, Einleitung, S. 38.; Preller, Sozialpolitik, S. 363.
212 Protokoll des 12. Kongresses der Gewerkschaften, S. 19.
213 Potthoff, Gewerkschaften, S. 82.
214 Schneider, Unternehmer, S. 68.

der Bildung von Neukapital war der vielleicht wichtigste Aspekt des Verteilungskampfes.[215] Einen Konsens über eine ökonomisch verträgliche Lohngestaltung gab es schon in den frühen zwanziger Jahren, wenn es ihn denn je gegeben hat, nicht mehr.[216]

Scheinbar schien die Strategie der Gewerkschaften aufzugehen. Während der Inflation konnten beachtliche Lohnschübe erreicht werden, die allerdings weit unter den Forderungen blieben. Durch die ständige Entwertung des Geldes fiel es den Unternehmern allerdings auch nicht besonders schwer, hohen Lohnabschlüssen zuzustimmen, konnten diese doch leicht wieder auf die Preise abgewälzt und damit an den Verbraucher weitergegeben werden.[217] Die Lohn-Preis-Spirale, die sich immer schneller steigerte, ließ sowohl Industrie wie auch Gewerkschaften vordergründig zu Gewinnern der Lohnverhandlungen werden. Die Verlierer waren die Arbeiter, deren Existenz sich nach dem Krieg nicht grundlegend verbesserte.[218]

In der Phase der nach 1924 einsetzenden Stabilisierung der Währung war die Lohnpolitik ein wichtiges Mittel, die bei den Arbeitern verlorengegangene Legitimität wiederzugewinnen.[219] Aber auch in den wirtschaftlich stabileren Jahren vermochte man dem antigewerkschaftlichen Kurs der Arbeitgeber nichts entgegenzusetzen.[220] Angesichts weiterer Steuerbelastungen und Preissteigerungen, war die Erhöhung der Löhne das Ziel der Gewerkschaften.[221] Dass dieses Ziel ein Ergebnis staatlicher Schlichtung

---

215 Die Bedeutung der Lohnfrage wird noch anschaulicher, wenn man bedenkt, dass sich an den Lohnkämpfen noch mehr Streiks entzündeten als an der Frage der Arbeitszeit, siehe James, Weltwirtschaftskrise, S. 213.
216 Anders Borchardt, Ursachen, S. 191, der diesen Konsens erst für gegen Ende der zwanziger Jahre als aufgelöst ansieht.
217 Ruck, Einleitung, S. 19f.
218 Schönhoven, Gewerkschaften, S. 138. Anders Kukuck, Einleitung, S. 50, der den Gewerkschaften einen Erfolg bei der Verbesserung der materiellen Lage der Arbeiter zuerkennt.
219 Schönhoven, Gewerkschaften, S. 157; James, Weltwirtschaftskrise, S. 202.
220 Anders immer wieder Preller, Sozialpolitik, der die Gewerkschaften in den Jahren 1924 bis 1928 in einer Phase der Konsolidierung sieht, siehe z. B. ebd., S. 510 f. Hingegen verweist Schönhoven, Gewerkschaften, S. 118, zu Recht auf den Scheincharakter dieser Konsolidierung, da sie vom unsicheren Schutz durch den Staat abhängig blieb und mit dem Verlust gewerkschaftlicher Selbst- und Mitbestimmung einherging.
221 Preller, Sozialpolitik, S. 506f.

war, missfiel Unternehmern wie Gewerkschaften gleichermaßen, war aber nur die konsequente Folge der Unfähigkeit beider Gruppen, zu einer Übereinkunft zu kommen und insofern mehr Symptom denn Ursache einer unversöhnlichen Frontstellung der Tarifparteien zueinander.[222] Die Abkehr von der eigenverantwortlichen Regelung der Lohn- und Arbeitsbedingungen und die Inanspruchnahme staatlicher Autorität, die nun maßgebend bei der Gestaltung der Löhne war, bedeutete aber für die Gewerkschaften nichts anderes als den Verlust der Autonomie auf ihrem ureigenen Feld.[223] Dass diese bereit waren, den Verlust hinzunehmen, verweist auf die Schwäche, aus eigener Kraft erfolgreich zu wirken.[224] Die Forderung, "daß die beiden Elemente der Wirtschaft, die organisierte Arbeit und das organisierte Kapital, zusammenarbeiten müssen, um die Wirtschaft zu dirigieren und zu formen"[225] sollte so vor allem den einstmaligen Einfluss der Gewerkschaften beschwören, einen Einfluss, der sie zum bedeutenden Gegengewicht der Unternehmer hatte werden lassen und der nun zusehends verloren ging. Der Tiefstand bei den Mitgliederzahlen wurde erst 1926 erreicht. Diese Zahl stieg dann bis 1929 an, ohne je wieder das Niveau der frühen Jahre der neuen Republik erreichen zu können.[226] Auch von Seiten der Arbeitgeber erhöhte sich der Druck. Im Jahrfünft nach 1924 übertraf in den Arbeitskämpfen die Zahl der Aussperrungen diejenige der Streiks um ein Dreifaches.[227] Der Konflikt zwischen Kapital und Arbeit hatte sich auch in den vermeintlich besseren Jahren verschärft und weiter zugunsten der Unternehmerseite verschoben.[228] Spätestens mit dem Ruhrstreit war man sich bewusst, dass eine Wende in den Arbeitsbeziehungen eingeleitet war.[229] An die ehemalige Rolle eines gleichberechtigten Teilhabers an sozialpolitischen Fragen konnten die Gewerkschaften nicht mehr anknüpfen.

Auch das ab Mitte der zwanziger Jahre entwickelte Konzept einer 'Wirtschaftsdemokratie' war kein Modell der Zusammenarbeit mit der

---

222 Hentschel, Sozialpolitik, S. 73.
223 Mommsen, Scheitern, S. 32; Potthoff, Gewerkschaften, S. 80.
224 Schönhoven, Gewerkschaften, S. 151f.
225 Protokoll des 12. Kongresses der Gewerkschaften, S. 255.
226 Schönhoven, Gewerkschaften, S. 144 und S. 152.
227 Schönhoven, Gewerkschaften, S. 154.
228 Mommsen, Scheitern, S. 33.
229 Schönhoven, Gewerkschaften, S. 162.

Industrie, sondern verstand sich als Gegengewicht zu dieser.[230] Indem das Programm die Beteiligung der Arbeiter an allen ökonomischen Entscheidungen forderte, antwortete es auf die Vorstellungen der Unternehmer, die eine Alleinherrschaft über die Erwirtschaftung und Verteilung des gesamten Sozialprodukts verlangten.[231] Die 'Wirtschaftsdemokratie' zeigte so nicht nur das Ausmaß der Zuspitzung der Gegensätze an, sondern war zugleich in ihrem Bemühen, die freie Gewerkschaftsbewegung neu zu motivieren, Ausdruck jener Defensive, aus der die organisierte Arbeitnehmerseite sich nicht mehr zu befreien wusste.[232]

Das kollektive Tarifrecht und damit die einvernehmliche Festlegung der Einkommen und Arbeitsbedingungen hatte in Anbetracht der Absage der Unternehmer an das Modell des Klassenkompromisses kaum je eine Chance auf Dauerhaftigkeit gehabt. Die Gewerkschaften waren als Teilnehmer an der Sozialpolitik von den Unternehmern solange geduldet, wie sie diesen von Nutzen sein konnten. Ein echter Sozialpartner, dessen Interessenanspruch jenseits taktischen Kalküls grundsätzlich anerkannt wurde, waren sie indes nie. Das kaum ins Gewicht fallende Wirtschaftswachstum, welches es so schwierig machte, sozial- und lohnpolitische Erfolge zu erringen, legte die Schwäche der Gewerkschaftsbewegung bloß.[233] So scheiterte der soziale Interessenausgleich zwar an der fehlenden Kompromissbereitschaft beider Tarifparteien.[234] Vordergründig ging es in dieser Auseinandersetzung um die Aushandlung der Produktionsbedingungen. Zugrunde lag diesem Streit indes vor allem die Infragestellung jeglicher Arbeitervertretung durch die Arbeitgeber. Noch vor der Festlegung der Arbeitsbedingungen und des Lohnes zeigt der Kampf um die Verteilung des Sozialprodukts, dass es um die Grundlage von Vereinbarungen überhaupt zu tun war. Es ging primär nicht um den Inhalt der

---

230 Mommsen, Klassenkampf, S. 26. Zu dem von Fritz Naphtali entwickelten Konzept der 'Wirtschaftsdemokratie' siehe auch Schneider, Unternehmer, S. 8ff.; ders., Höhen, S. 378-382; Schönhoven, Gewerkschaften, S. 159-161; Potthoff, Gewerkschaften, S. 178-185; Ruck, Einleitung, S. 44-46; Winkler, Schein, S. 468-471 und S. 606-613.
231 Z. B. in der Schrift 'Aufstieg oder Niedergang?', siehe Blaich, Staatsverständnis, S. 174f.
232 James, Weltwirtschaftskrise, S. 217; Weisbrod, Schwerindustrie, S. 491.
233 Potthoff, Gewerkschaften, S. 81 und S. 84.
234 Hentschel, Sozialpolitik, S. 78.

Regelung, vielmehr um die Regelung selbst.[235] Der Bereich der Arbeit war der Schauplatz, auf dem vor dem Hintergrund eines begrenzten Spielraumes grundsätzliche Ansprüche, das Wirtschaftsleben zu bestimmen, durchgesetzt werden sollten.

---

235 Preller, Sozialpolitik, S. 506 und S. 509.

3. FORD UND TAYLOR IN DER DISKUSSION

3.1. Die Rationalisierungsdebatte nach dem Krieg

Nachdem der Umstand, dass die deutsche Wirtschaft nur über geringes Eigenkapital verfügte, während der Inflation bis 1924 nur wenig ins Gewicht fiel, machte er sich in der darauf folgenden Phase der Währungsstabilität umso stärker bemerkbar. Auch wenn die Kredite des Auslandes zur Festigung der ökonomischen Situation beitrugen, machten gerade sie deutlich, auf welch unsicherem Fundament die Wirtschaft stand, eben weil diese sich nicht selbst trug, sondern von einer unsicheren Stützung von außen abhängig blieb. Ziel musste es deshalb sein, die Kapitalbildung im eigenen Land zu fördern. Angesichts einer nur teilweise verbesserten Situation in der zweiten Hälfte der zwanziger Jahre, konnte dies weniger durch umfangreiche Investitionen geschehen als durch die verbesserte Nutzung des bereits Vorhandenen. Weniger durch kapitalintensive Neuinvestitionen, deren Gewinnaussichten unsicher waren, als durch den wirkungsvollen Gebrauch der Rohstoffe, Energien und des Produktionsapparates, aber auch der menschlichen Arbeitskraft sollte die Produktivität erhöht werden.[236] Eine Steigerung der Produktion sollte den Export deutscher Waren fördern, die Wirtschaft stabilisieren und durch eine gerechte Verteilung des Sozialproduktes den allgemeinen Wohlstand heben.[237] Die Erhöhung des Wirkungsgrades der Arbeit und die damit verbundenen Erwartungen waren der Gegenstand einer intensiv geführten Diskussion, die als 'Rationalisierung' alle am Wirtschaftsprozess Beteiligten. Ab Mitte der zwanziger Jahre setzte eine Welle der Begeisterung für eine umfassende Rationalisierung der Industrie ein, die mit der Weltwirtschaftskrise zu einem abrupten Ende kommen sollte.[238]

---

236 Jürgen Bönig, Technik und Rationalisierung in Deutschland zur Zeit der Weimarer Republik, in: Ulrich Troitzsch, Gabriele Wohlauf (Hrsg.), Technik-Geschichte. Historische Beiträge und neuere Ansätze, Frankfurt/Main 1980, S. 390-419, hier S. 396.

237 Robert Alexander Brady, The Rationalization Movement in German Industry. A Study in the Evolution of Economic Planning, Berkeley, Cal. 1933 (Nachdruck New York 1974), S. VII.

238 Natürlich begannen die Rationalisierungsbestrebungen nicht erst ausschließlich nach der Inflation, genauso wenig wie sie mit der Krise von 1929 ihr vollständiges Ende fanden, siehe Weisbrod, Schwerindustrie, S. 52. Dennoch fällt ihre größte Entfaltung zweifelsohne in diese Zeit, siehe Brady, Rationalization, S. XI. Angesichts dieses ohnehin nur kurzen Zeitraums nochmals verschiedene Phasen zu unter-

Der Gedanke der Rationalisierung selbst war dabei durchaus nicht neu. Schon vor dem Ersten Weltkrieg waren Verfahren und Methoden entwickelt worden, die auf eine Steigerung der Produktivität abzielten. Psychologische und soziologische Untersuchungen erfassten den arbeitenden Menschen, um als 'Arbeitspsychologie', 'Psychotechnik' und 'Betriebssoziologie' nicht nur für die betriebliche Sozialpolitik, sondern vor allem für die Erhöhung der menschlichen Arbeitsleistung Bedeutung zu erlangen.[239] Seit der Jahrhundertwende hatte es bereits Versuche gegeben, den Arbeitsprozess mit wissenschaftlichen Methoden zu erfassen, um so den Ertrag zu steigern. Neben neuen innerbetrieblichen Organisationsformen und der Mechanisierung der Produktion war es in den letzten Jahren des Kaiserreichs der Amerikaner Frederick Winslow Taylor, der mit seinem Konzept einer Betriebsführung auf wissenschaftlicher Grundlage großes Interesse hervorrief.[240] Die Aufnahme der Ideen Taylors, die vor allem durch den 'Verein deutscher Ingenieure' (VDI) bekannt gemacht und in Ansätzen auch schon verwirklicht wurden, war ein wichtiges, aber nicht das einzige Element des deutschen Bemühens der wissenschaftlichen Fundierung betrieblicher Praxis, der sogenannten 'Arbeitswissenschaft'.[241]

---

scheiden, wie es gelegentlich vorgeschlagen wird, z. B. von Brady, Rationalization, S. XII oder Bönig, Technik, S. 397-399, scheint deshalb wenig sinnvoll.

239 Siehe hierzu Hinrichs, Seele, S. 68-106.

240 Lothar Burchardt, Technischer Fortschritt und sozialer Wandel. Das Beispiel der Taylorismus-Rezeption, in: Wilhelm Treue (Hrsg.), Deutsche Technikgeschichte. Vorträge vom 31. Historikertag am 24. September 1976 in Mannheim (=Studien zu Naturwissenschaft, Technik und Wirtschaft im Neunzehnten Jahrhundert, Bd. 9), S. 52-98, hier S. 98, zählt den Taylorismus zu den ersten Innovationen, die den Weg aus den USA nach Europa fanden.

241 Zum Taylorsystem und seiner Rezeption vor dem Krieg siehe Hinrichs, Seele, S. 43-68; Hans Albert Wulf, 'Maschinenstürmer sind wir keine'. Technischer Fortschritt und sozialdemokratische Arbeiterbewegung, Frankfurt/Main, New York 1987, S. 68-73; Gunnar Stollberg, Die Rationalisierungsdebatte 1908-1933. Freie Gewerkschaften zwischen Mitwirkung und Gegenwehr, Frankfurt/Main, New York 1981, S. 32-42; Burchardt, Fortschritt, S. 52-78. Ein Beispiel für die Reaktion auf die Einführung der taylorschen Methoden vor 1914 liefert Heidrun Homburg, Anfänge des Taylorsystems in Deutschland vor dem ersten Weltkrieg. Eine Problemskizze unter besonderer Berücksichtigung der Arbeitskämpfe bei Bosch 1913, in: *Geschichte und Gesellschaft. Zeitschrift für Historische Sozialwissenschaft* 4 (1978), S. 170-194. Homburg untersucht am Beispiel der Firma Bosch in Stuttgart — eines der wenigen Unternehmen, die Taylors Produktionsmethoden in großem Umfang übernahmen — wie diese neue Entwicklung aufgenommen wurde. Dabei zeigt sich unter anderem, dass die Einführung des Taylorsystems nur eine von vielen Maßnahmen der Rationalisie-

Die Rationalisierungsbestrebungen der Vorkriegszeit waren in ihrer Realisierung immer abhängig vom einzelnen Unternehmer und hatten eher den Charakter sporadischer Experimente. Nach dem Krieg hatte jedoch der Zwang, sich mit Methoden industrieller Rationalisierung auseinanderzusetzen, beträchtlich zugenommen.[242] Spätestens jetzt lag die Notwendigkeit umfangreicher Rationalisierungsmaßnahmen offen zutage.[243] Die Rationalisierungsbewegung der zwanziger Jahre, von der Industrie ausgehend und später sich auf andere Gebiete wie Verwaltung oder Privathaushalt ausdehnend, erreichte besonders in der nachinflationären Phase eine neue Qualität.[244] Was aber meinte eigentlich Rationalisierung?

Schon die erste umfangreiche Untersuchung der Rationalisierungsbewegung zu Beginn der dreißiger Jahre stellte fest, dass ihr Ausgangspunkt zunächst technischer Natur war, rasch aber auch andere Aspekte erfasste. Gemein war den zahlreichen Maßnahmen auf den verschiedensten Gebieten das Bemühen um eine umfassende Planung von Produktionsprozessen mit wissenschaftlichen Methoden. "In detail and at large rationalization is planning, and planning calls for the full mobilization of all scientific information"[245]. Technische Innovation, Mechanisierung, Neuorganisation der Produktion und des Absatzes konnten damit ebenso gemeint sein wie Normung beziehungsweise Standardisierung, die verstärkte Umsetzung arbeitswissenschaftlicher Ergebnisse in die betriebliche Praxis oder die Verbesserung beruflicher Aus- und Fortbildung.[246] Auch neue Herstellungsverfahren und die Stillegung unrentabler Betriebe ließen sich darunter resümieren, genauso wie überbetriebliche Maßnahmen, beispielsweise Unternehmenszusammenschlüsse oder Planung des Marktes durch Absprachen.[247] Manchmal war damit auch

---

rung war, siehe ebd. S. 183. Auch Brady, Rationalization, S. 34, stellt fest, dass es in Deutschland schon vor und während Taylor eigene Bestrebungen, den Arbeitsprozess wissenschaftlich zu erfassen, gegeben hat.

242 Siehe hierzu auch Brady, Rationalization, S. XII-XX.
243 Brady, Rationalization, S. 4-6.
244 Siehe hierzu Nolan, Visions, S. 206-226.
245 Brady, Rationalization, S. VIII.
246 Zu Normierung oder Standardisierung als den herausragenden Elemente der Rationalisierung siehe Feldenkirchen, Siemens, S. 225; Brady, Rationalization, S. 21. Joachim Radkau, Technik in Deutschland. Vom 18. Jahrhundert bis zur Gegenwart, Frankfurt/Main 1989, S. 273f.
247 Auch die Rolle der Kartelle und Trusts hinsichtlich der Sicherung von Rohstoff- und

einfach nur der sparsame Umgang mit Energie und Rohstoffen gemeint. Einer genaueren Definition indes entzog sich der Begriff und er wurde von Branche zu Branche, von Betrieb zu Betrieb, unterschiedlich bestimmt.[248] Kurzum, 'Rationalisierung' war eine der vieldeutigsten, aber auch populärsten Parolen in jenen Jahren, eine Parole, die manch hohe Erwartung hervorrief oder verstärkte.[249] Doch im Gegenzug wurde auch gewarnt,

---

Absatzinteressen ist umstritten. Eine Untersuchung, ob diese Versuche wirtschaftlicher Planung und Kontrolle nun Voraussetzung, Teil oder Folge von Rationalisierung waren, steht noch aus. Erste kurze Hinweise finden sich bei Berghahn, Americanisation, S. 21f. wie auch bei James, Weltwirtschaftskrise, S. 158-165. Genauere Auskunft gibt Christian Kleinschmidt, Rationalisierung als Unternehmensstrategie. Die deutsche Eisen- und Stahlindustrie des Ruhrgebiets zwischen Jahrhundertwende und Weltwirtschaftskrise (=Bochumer Schriften zur Unternehmens- und Industriegeschichte, Bd. 2), Essen 1993, S. 197-208 und S. 220-234.

248 Nolan, Visions, S. 6. Homburg, Rationalisierung, S. 343 und Kleinschmidt, Rationalisierung, S. 222, verweisen auf die Undeutlichkeit dieses Begriffes, der sich seinem geradezu inflationären Gebrauch verdankt. Einen kleinen Überblick dessen, was Rationalisierung konkret meinen konnte, geben Bönig, Technik, S. 401-406; Weisbrod, Schwerindustrie, S. 52ff.; James, Weltwirtschaftskrise, S. 154-158; Preller, Sozialpolitik, S. 336 und S. 358; Wulf, Maschinenstürmer, S. 95-98. Eine genauere Darstellung findet sich für einzelne Branchen bei Kleinschmidt, Rationalisierung, S. 194-235 und Homburg, Rationalisierung, S. 284-343 und S. 383-528. Versuche, die Rationalisierung zu systematisieren, gehen auf eine Einteilung des Reichskuratoriums für Wirtschaftlichkeit (RKW) in technisch-organisatorische, kommerzielle und volkswirtschaftliche Rationalisierung zurück, siehe Homburg, Rationalisierung, S. 3, Anm. 5.; Stollberg, Rationalisierungsdebatte, S.18; Radkau, Technik, S. 277.

249 Radkau, Technik, S. 226; Homburg, Rationalisierung, S. 663. Auch in der zeitgenössischen Rationalisierungsliteratur wird auf den schlagwortartigen Gebrauch dieses Begriffes hingewiesen, siehe Schalldach, Rationalisierungsmaßnahmen, S. 5; Erich Eckert, Die Gewerkschaften und die Rationalisierung der Wirtschaft, Diss. Freiburg 1929, o. O, o. J. [Freiburg 1929], S. 13; A. Braunthal, Rationalisierung der Produktion oder Intensivierung der Arbeit?, in: *Gewerkschafts-Archiv. Monatsschrift für Theorie und Praxis der gesamten Gewerkschaftsbewegung* 3 (Mai 1926), S. 213-217, hier S. 213f.

daß man von dem Schlagwort 'Rationalisierung', welches in den letzten Jahren in so überaus starkem Maße benutzt worden ist, nicht erwarten soll, daß nunmehr auf allen Wirtschaftsgebieten ein ungeahnter Fortschritt in der 'Produktion pro Mann' und damit eine grundlegende Senkung aller Preise sich einstellt, gewissermaßen eine Steigerung des allgemeinen Wohlstandes im Schnellzugstempo.[250]

Die Diskussion entwickelte dabei eine von der tatsächlichen Entwicklung losgelöste Eigendynamik[251] 'Rationalisierung' war eine überfrachtete

---

250 Carl Köttgen, Das fließende Band, in: Industrie- und Handelskammer zu Berlin (Hrsg.), Die Bedeutung der Rationalisierung für das Deutsche Wirtschaftsleben, Berlin 1928, S. 77-125, hier S. 89.

251 Feldenkirchen, Siemens, S. 228f.; Radkau, Technik, S. 276. Zweifelsohne wurden zahlreiche Maßnahmen, die der Rationalisierung des Arbeits- und Produktionsprozesses dienen sollten, durchgeführt. Die Beantwortung der Frage, wo, wie und in welchem Maße dies geschah, steht freilich noch aus. Die Vermutung liegt allerdings nahe, dass die Rationalisierung der Betriebe angesichts der beschränkten Möglichkeiten und der kurzen Zeitspanne eher einem Experiment glich. Solange eingehende Untersuchungen fehlen, können keine verlässlichen Aussagen gemacht werden, ein Umstand, auf den auch James, Weltwirtschaft, S. 153, und Thomas von Freyberg, Industrielle Rationalisierung in der Weimarer Republik. Untersucht an Beispielen aus dem Maschinenbau und der Elektroindustrie (=Forschungsberichte des Instituts für Sozialforschung Frankfurt am Main), Frankfurt/Main 1989, S. 23-35, verweisen. Untersuchungen zur tatsächlichen Reichweite von Rationalisierungsmaßnahmen liegen gleichwohl kaum vor. Zu den angeblichen Konsequenzen der Rationalisierung äußern sich unter anderem Brady, Rationalization, S. XII; Preller, Sozialpolitik, S. 507f.; Bönig, Technik, S. 390 und S. 410; Schneider, Höhen, S. 350f., Winkler, Schein, S. 62-75; Stollberg, Rationalisierungsdebatte, S. 55-65; Nolan, Visions, S. 131-178 und S. 227-232. Zwei Ausnahmen, die die Rationalisierungspraxis und ihre Folgen in vorbildlicher Weise für die Montanindustrie des Ruhrgebiets beziehungsweise für den Siemenskonzern untersucht haben, sind Kleinschmidt, Rationalisierung und Homburg, Rationalisierung. Für die deutsche Automobilindustrie beschreibt die Einführung der Fließ- beziehungsweise Fließbandarbeit, deren Verlauf und Folgen gegen Ende des Kaiserreichs und in den zwanziger Jahren Anita Kugler, Von der Werkstatt zum Fießband. Etappen der frühen Automobilproduktion in Deutschland, in: *Geschichte und Gesellschaft* 13 (1987), S. 304-339. Zwar erörtert ebenso Freyberg, Rationalisierung, S. 55-288, die Erfahrung einzelner Betriebe oder Branchen mit verschiedenen Rationalisierungsmaßnahmen. Allerdings unterscheidet Freyberg nicht trennscharf zwischen Rationalisierung, 'Fordismus' und 'Taylorismus'. Ähnliches gilt für das verdienstvolle Werk Bradys. Für das Schweizer Beispiel der Firma Bally siehe Rudolf Jaun, Management und Arbeiterschaft. Verwissenschaftlichung, Amerikanisierung und Rationalisierung der Arbeitsverhältnisse in der Schweiz 1873-1959, Zürich 1986, S. 202ff. Die tatsächliche Umsetzung von Folgen von Rationalisierungsprozessen sowie deren Folgen sind ohnehin nur schwer festzustellen, siehe z. B. Feldenkirchen, Siemens, S.

und dadurch letztendlich vage Parole, die ebenso wie diejenige des 'Amerikanismus' auf eine Realität verwies, ohne wirklich etwas über diese zu sagen. Kurz und prägnant brachte ein den Gewerkschaften nahestehender Nationalökonom die Rationalisierungsdiskussion der zwanziger Jahre und deren begriffliche Unschärfe auf den Punkt. "Ueber die Notwendigkeit der Rationalisierung selbst kann es angesichts der heutigen Lage der deutschen Wirtschaft nur eine Meinung geben. Die Frage ist nur, was man unter Rationalisierung verstehen soll."[252]

Innerhalb der Rationalisierungswelle, mit der auch die arbeitswissenschaftlichen Ansätze der Vorkriegszeit ihre Fortsetzung fanden, stießen zwei Elemente auf besonderen Aufmerksamkeit: 'Fordismus' und 'Taylorismus'.[253] Die Diskussion konnte dabei an ein großes Interesse an amerikanischer Technik und Fertigungsmethoden anknüpfen, die schon während der Kaiserzeit die Neugierde in Deutschland geweckt hatte.[254] Unter der Berufung auf das anscheinend so erfolgreiche Modell der Vereinigten Staaten stand die Übernahme amerikanischer Produktionsmethoden im Zentrum der Diskussion.[255] Waren anfänglich für viele Ingenieure 'Fordismus' und 'Taylorismus' noch elementare Bestandteile einer technokratischen Gesellschaftsutopie, so verloren sie in den Jahren der vermeintlichen Stabilität ihre ideologische Bedeutung, d. h. ihren Charakter als Modell für eine nationale Gemeinschaftsarbeit und wurden zu einer Methode der innerbetrieblichen Rationalisierungsanstren-

---

232; Homburg, Rationalisierung, S. 511f. , S. 527 und S. 555-566; Jaun, Management, S. 189ff.; Kleinschmidt, Rationalisierung, S. 298, S. 308, S. 316, S. 320f., S. 330 und nochmals zusammenfassend S. 363f.; Radkau, Technik, S. 283.
252 Braunthal, Rationalisierung, S. 214.
253 Siehe Hinrichs, Seele, S. 208-270.
254 Zum Interesse deutscher Ingenieure an amerikanischen Produktionsmethoden siehe Burchardt, Fortschritt, Anm. 70ff. Eine Darstellung der Reisen von Unternehmern der Elektrobranche, vor allem der AEG und Siemens, liefert Clemens Picht, Amerikareisen, Amerikaerfahrung und Amerikabild deutscher Elektroindustrieller vor dem Ersten Weltkrieg. Eine Skizze, in: Gangolf Hübinger, Jürgen Osterhammel, Erich Petzer (Hrsg.), Universalgeschichte und Nationalgeschichten (FS Ernst Schulin), Freiburg 1994, S. 231-247. Über die Wahrnehmung der USA als Modell für die deutsche Industrie während der Zeit des Kaiserreichs gibt es die auch ansonsten ausgezeichnete Darstellung von Radkau, Technik, S. 176-186, Auskunft. Zur Rezeption speziell Taylors in Deutschland vor dem Ersten Weltkrieg vor allem durch die Ingenieure siehe Klautke, Möglichkeiten, S. 75ff.
255 Radkau, Technik, S. 269f.

gungen.[256] Damit wurden die amerikanischen Lehren für Unternehmer und Gewerkschaften gleichermaßen wichtig, berührte doch die dadurch verbundene Umgestaltung des Betriebes und der Arbeit grundlegende Interessen beider Parteien.

Während Ford vor allem mit Fließband und Massenfabrikation in Serie verbunden wurde, war es bei Taylor die Verbesserung des vom Menschen getragenen Arbeitsablaufs, die ein breites Echo fand.[257] Beide gewannen ihre Anziehungskraft indem sie auf unterschiedliche Weise — hier die Optimierung der menschlichen Arbeitsleistung, dort deren weitgehende Ersetzung durch mechanische Vorrichtungen — die Steigerung der Produktivität versprachen.[258] War es zu Beginn der zwanziger Jahre der 'Taylorismus', der große Beachtung fand, so konzentrierte sich die Aufmerksamkeit in späteren Jahren eher auf das Verfahren des Henry Ford. Ob in Ford nun das Gegenstück zu Taylor zu sehen war oder dessen Weiterentwicklung, jedenfalls löste die Aufmerksamkeit, die man dem Fließband zukommen ließ, jene für die 'Wissenschaftliche Betriebsführung' mehr und mehr ab.[259] Die Auseinandersetzung mit beiden Konzepten aber konnte nicht verdecken, dass darunter zu einem guten Teil auch eine Fortführung jener Maßnahmen verstanden wurde, wie sie ohne die ausdrückliche Berufung auf Ford und Taylor schon vor dem Krieg eingeleitet worden waren.[260] Nicht alles was amerikanisch schien, war es auch,

---

256 Zu Taylor und dessen Rezeption nach 1918 durch die Berufsgruppe der Ingenieure siehe Burchardt, Fortschritt, S. 81-96. Zu Ford und Taylor siehe Maier, Taylorismus, besonders S. 188ff. Die Ideen Fords und deren Aufnahme durch deutsche Ökonomen, Ingenieure und andere beschreibt Hinrichs, Seele, S. 188-207. Zum Verhältnis der Ingenieure zu Rationalisierung, Gemeinwirtschaft und Technokratie siehe auch Freyberg, Rationalisierung, S. 305-340.

257 Über die wichtigsten Merkmale der 'Wissenschaftlichen Betriebsführung' nach Taylor und das System Henry Fords unterrichtet kurz Wulf, Maschinenstürmer, S. 60-68 beziehungsweise S. 119-123.

258 Radkau, Technik, S. 270f. Auch hier gilt, dass Aussagen über die Verbreitung des Fließbandes — oder auch nur des Fließsystems — beziehungsweise arbeitsphysiologischer Methoden (siehe z. B. Bönig, Technik, S. 407-409) noch nicht auf einer gesicherten Grundlage beruhen. Eine massenhafte Ausbreitung fordscher und taylorscher Methoden scheint jedenfalls nicht stattgefunden zu haben, siehe Radkau, Technik, S. 276f.

259 Zum Verhältnis von 'Fordismus' und 'Taylorismus' siehe Wulf, Maschinenstürmer, S. 124-127; Maier, Taylorismus, S. 204f.

260 Radkau, Technik, S. 273.

Diskussion und Wirklichkeit bezogen sich nicht immer aufeinander.[261] Aufschluss über tatsächliche Einführung amerikanischer Verfahren gibt die darüber geführte Diskussion jedenfalls nicht. Die Eroberung Europas durch Ford und Taylor geschah auch in Deutschland zunächst auf dem Papier. Dass aber überhaupt 'Fordismus' und 'Taylorismus' als Parolen Gegenstand einer intensiven Auseinandersetzung waren, die nur wenige gleichgültig ließ, erweist die Bedeutsamkeit der hinter diesen Begriffen vermuteten Konzepte.[262] Durch sie sollte die amerikanische 'efficiency' auch der deutschen Industrie zugute kommen. Ford und Taylor versprachen jenen Wohlstand, wie er sich in den USA bereits idealtypisch präsentierte. Wer immer sich, und von welchem Standpunkt aus, darauf vorbereiten wollte, auch in Deutschland mit amerikanischen Produktionsmethoden zu arbeiten, kam nur schwer umhin, die USA und die dortigen Produktionsmethoden kennenzulernen. Dazu gehörte auch, das Studium des amerikanischen Modelles vor Ort und in der Praxis. So bereisten ab Mitte der zwanziger Jahre eine Schar deutscher Unternehmer und Gewerkschafter die Vereinigten Staaten, um amerikanische Betriebe und vor allem die Ford-Werke selbst zu besuchen. Hier war Realität, was ansonsten mehr in den Vorstellungen als in den heimischen Betrieben existierte.[263] Amerika verlangte eine Antwort und schien sie zugleich zu geben. Um welche Antwort aber handelte es sich?

---

261 Radkau, Technik, S. 229.

262 Auf die Beliebigkeit dieser Parole macht Nolan, Visions, S. 30-32, aufmerksam. Schon Friedrich Olk, Ford und wir, in: *Gewerkschafts-Zeitung. Organ des Allgemeinen Deutschen Gewerkschaftsbundes* 37 (22. Januar 1927), S. 48-50, hier S. 48, wies darauf hin, dass es sich beim 'Fordismus' um ein Schlagwort handelt und verwendet es bezeichnenderweise auch als solches, indem er mit ihm die verschiedensten Rationalisierungsmaßnahmen beschreibt. Auf die undeutliche Verwendung des Begriffes 'Taylorismus' weist Wulf, Maschinenstürmer, S. 84, hin.

263 Nolan, Visions, S. 6f. Im Zentrum des Interesses standen meistens die Ford-Werke. Überhaupt war die Wahrnehmung Amerikas durch die Konzentration auf wenige erfolgreiche Unternehmen und florierende Industrieregionen, die man für typisch hielt, sehr einseitig, siehe Nolan, Visions, S. 26-29; Beck, Germany, S. 21. Wo einmal andere Firmen besucht wurden, herrschte hingegen Enttäuschung vor, siehe Kleinschmidt, Rationalisierung, S. 210-212.

3.2. Die Wirtschaftsführer

Besonders nach der Festigung der Führung des Betriebes durch den Unternehmer, waren es Industrielle und Manager, die die Entscheidung über die Einführung oder Entwicklung neuer Arbeitsprozesse trafen. Es lag an den Führern besonders der großen Unternehmen zu entscheiden, wie amerikanische Produktionsverfahren, wenn überhaupt, zum Tragen kommen konnten.

Anders als vor dem Krieg fand in der unternehmerischen Diskussion nach 1918 das Konzept von Taylor allerdings kaum mehr Beachtung. Das Direktionsmitglied einer der Firmen, die schon lange vor dem Krieg besonders offen für amerikanische Techniken und Verfahren waren, Ernst Huhnvon der Ludwig Loewe & Co AG in Berlin, gestand Taylor eine überragende Rolle auf dem Gebiet der Betriebsorganisation zu.[264] Taylors Leistung bestand vor allem darin, einzelne Rationalisierungsansätze einer genauen Analyse unterzogen und in ein einheitliches Verfahren umgesetzt zu haben.[265] Dadurch war es möglich geworden, einen Betrieb rentabel zu gestalten und "auf die höchste Leistungsfähigkeit zu bringen"[266]. Hervorzuheben war besonders das ebenso praxisbezogene wie betriebswirtschaftlich orientierte Verfahren des 'Scientific Management'. "Taylor als praktischer Amerikaner" wollte "nur Mittel angewendet wissen, die sich bezahlt machen"; der alleinige Maßstab für die "Durchführbarkeit und Zweckmäßigkeit des 'Taylorsystems'"[267] war die Profitrate.

Dass das Taylorsystem trotzdem wenig Beachtung von Unternehmerseite fand, lag an den Schwierigkeiten, mit denen es verbunden war. Zum einen fehlten nach dem Krieg die zur Realisierung benötigten Fachkräfte; außerdem waren der mit seiner Einführung verbundene Zeitaufwand und die Kosten zwar hoch, deren Ertrag aber ungewiss. Das komplizierte Verfahren schreckte genauso ab wie die Vorstellung einer Erhöhung des Angestelltenanteils oder von Widerständen in der Belegschaft.[268] Der

---

264 Siehe Radkau, Technik, S. 178f.
265 Ernst Huhn, Kritische Bemerkungen über das 'Taylorsystem', in: Waldemar Hellmich, Was will Taylor? (=Druckschrift III des Ausschusses für wirtschaftliche Fertigung), Berlin 1919², S. 21-31, hier S. 21f.
266 Huhn, Bemerkungen, S. 26.
267 Huhn, Bemerkungen, S. 22.
268 Huhn, Bemerkungen, S. 29f.; siehe dazu auch Wulf, Maschinenstürmer, S. 72f.

wichtigste Einwand gegen das Taylorsystem jedoch bestand in dem Verweis auf die Andersartigkeit der deutschen Bedingungen. Die besonderen Produktionsbedingungen in Deutschland, die sich beispielsweise in ausgeprägten sozialen Hierarchien, aber auch in Tarifverträgen ausdrückten, ließen es nicht zu, das Taylorsystem problemlos auf Deutschland zu übertragen, eben weil "die amerikanischen Fabrikationsmethoden und Arbeiter [...] von den deutschen grundverschieden"[269] waren. Man sollte sich die Erfahrung der USA auf diesem Gebiet zunutze machen, nicht aber ihr blind folgen.

> Es würde ein schlimmer Fehler sein, amerikanische Erfahrungen, ohne sie unseren Verhältnissen anzupassen, in Maßnahmen umzusetzen. Man würde das ganze 'Taylorsystem' nicht nur in Mißkredit bringen, sondern seine Einführung verhindern.[270]

In der Folgezeit, und besonders nach 1924, sollten sich die Wirtschaftsführer weniger mit Taylor als mit Ford beschäftigen, der die Erhöhung der Produktion mit einer Zurückdrängung der so unzuverlässigen und kostspieligen menschlichen Arbeitskraft durch Mechanisierung versprach. Dies mag zunächst überraschen, schien doch durch das taylorsche Zeitmessverfahren eine wissenschaftlich begründete, objektive Messung der Arbeitsleistung und damit auch deren Entlohnung möglich.[271] Dem 'Taylorismus' hing jedoch bei den Unternehmern immer der Makel der Gemeinschaftsarbeit und damit der Einschränkung ihrer Unabhängigkeit und Autorität im Betrieb an.[272] Wenn Taylor überhaupt eine Rolle zukam, dann diejenige, als Vorstufe zum 'Fordismus' zu dienen.[273] Dieser fügte sich besser als Taylor in unternehmerische Autonomievorstellungen ein.[274]

---

269 Huhn, Bemerkungen, S. 29f.
270 Huhn, Bemerkungen, S. 30.
271 Allerdings war auch diese Messung nicht unproblematisch. Wer über die Ermittlung der benötigten Stückzeit den Akkordlohn festsetzen wollte, musste zuerst einmal die Normalzeit eines Arbeitsganges kennen. Diese war aber nur schwer zu berechnen, siehe Homburg, Rationalisierung, S. 303f.
272 Burchardt, Fortschritt, S. 86.
273 Köttgen, Band, S. 87.
274 Radkau S. 271; Nolan, Visions, S. 38f.; Maier, Taylorismus, S. 205, beschreibt den Taylorismus als ein aus Unternehmersicht "subversives Element".

Der Faszination, die von den wirtschaftlichen Verhältnissen in Amerika und besonders vom Mythos Ford ausgingen, konnten sich die Unternehmer am wenigsten entziehen. Die Verheißungen, die davon ausgingen, bedurften der Erhellung. Besonders die hohen Löhne und die fortgeschrittene Mechanisierung der Arbeit waren es, die die Aufmerksamkeit in Deutschland erregten.[275] Gerade deshalb musste untersucht werden, inwiefern diese auch die deutsche Industrie und Volkswirtschaft angingen. So will Fritz Tänzler in seinem Buch 'Aus dem Arbeitsleben Amerikas. Arbeitsverhältnisse, Arbeitsmethoden und Sozialpolitik in den Vereinigten Staaten von Amerika' nicht einer bedingungslosen Imitation amerikanischer Entwicklungen das Wort reden. Nüchternes Abwägen jenseits gängiger Vorurteile sollen seine Untersuchung leiten.

> Ich trete an diese Aufgabe heran aus dem Blickfelde unserer deutschen industriellen und sozialen Verhältnisse und will versuchen, daraus Kritik und Folgerung abzuleiten. Nicht mit absoluter Bewunderung des in Amerika anders gearteten, aber auch nicht in einseitiger Verfechtung unserer deutschen Anschauungsweise und Gepflogenheiten[276]

sollten die Verhältnisse in den USA studiert und erörtert werden. Deutlicher formulierte Carl Köttgen in seinem vielbeachteten Buch 'Das wirtschaftliche Amerika', die Absicht, seine Landsleute hinsichtlich der Übertragbarkeit der Möglichkeiten, die Amerika bot, auf deutsche Verhältnisse zu belehren.

> Wenn der Verfasser im nachfolgenden manche Gedanken im einzelnen ausführt, die dem geschulten Volkswirt längst geläufig sind, so sei dies durch den Wunsch erklärt, Aufklärung über das, was bei unseren wirtschaftlichen Verhältnissen möglich und erreichbar ist, sowohl bezüglich der *Lohnhöhe* wie der Einführung *rein maschineller Verfahren*, bis in die weitesten Kreise unserer Bevölkerung zu tragen.[277]

Aus dem Weg, der dabei in Deutschland gegangen werden musste, wurde kein Hehl gemacht. Es musste der Grundsatz gelten, dass nur verbraucht werden konnte, was zuvor auch produziert worden war,

---

275 Köttgen, Amerika, S. III.
276 Tänzler, Arbeitsleben, S. 7.
277 Köttgen, Amerika, S. IV.

konnte doch eine Steigerung des Verbrauchs nur über eine Steigerung der Produktion erreicht werden. Was in Deutschland aber noch höchst umstritten war, hatte durch die in den USA vorherrschende Wirtschaftsethik bereits seine einfache Lösung gefunden.

> In den Vereinigten Staaten ist es jedem, auch dem einfachsten, längst in Fleisch und Blut übergegangen, daß die 'Produktion pro Mann' das Ausschlaggebende der Wirtschaft ist, daß ein Steigern der Produktion pro Mann jedem Einzelnen zugute kommt.[278]

Und in dem Umstand, dass in Deutschland die Einstellung der Arbeiter eine andere sei und diese statt Mehrarbeit auf dem Achtstundentag beharrten, lag auch der Grund in der bedeutend niedrigeren Produktivität der deutschen Industrie. Zwar gab es auch in den USA die 48-Stunden-Woche, doch im Gegensatz zu Deutschland werde diese nicht durch Krankheit und Urlaub unterlaufen, sondern bei Bedarf oft überschritten.[279] Beinahe flehentlich wandte man sich an die Arbeitnehmerschaft.

> Wollte doch jeder Lohnempfänger einsehen, wie not uns eine Steigerung der Produktion tut. Wir sind nicht ein so reiches Land wie Amerika. Wir können nicht weniger lange arbeiten. Wir müssen nach dem Friedensvertrag und den Festsetzungen des Dawes-Abkommens einen guten Teil unserer Erzeugung an das Ausland abgeben. Dieser Teil kann zu 8% unserer Produktion berechnet werden. Das zum mindesten sollten wir doch herausholen.[280]

Überhaupt wurde das angeblich freie Spiel von Angebot und Nachfrage auf dem nordamerikanischen Arbeitsmarkt, das nicht durch Tarifvereinbarung und staatliche Schlichtung korrumpiert war, gelobt. In den Vereinigten Staaten hatten sich die Löhne an der Konjunktur auszurichten und

---

278 Köttgen, Amerika, S. IV. Ähnlich äußert sich auch Tänzler, Arbeitsleben, S. 77.
279 Köttgen, Amerika, S. 18f. In diesem Zusammenhang stellt Köttgen voller Bewunderung für die unbeschränkte Macht des amerikanischen Unternehmers in seinem Betrieb fest: "Auf diese Produktion pro Mann kommt es an. Und wenn es der Arbeitende nicht einsieht, wird er durch den Arbeitgeber belehrt. Oder er mag dorthin gehen, wo es ihm paßt. Hemmungen bezüglich Entlassung oder notwendiger Überstunden gibt es nicht in Amerika."
280 Köttgen, Amerika, S. 20.

bildeten nicht als starre Lohnfestsetzungen ein Hindernis für einen ökonomischen Aufschwung.[281]

Daneben wurde aber eine andere Ursache genannt, die noch wichtiger für die amerikanische Überlegenheit war als eine fehlende Arbeitsmoral, die sich in zu hohen Ansprüchen bei der Arbeitszeit manifestierte. Der höhere Ertrag in den Vereinigten Staaten verdankte sich demnach nicht nur dem Arbeitswillen der Beschäftigten, sondern in noch höherem Maße der Intensität der geleisteten Arbeit, die wiederum auf eine durch Maschinenkraft ermöglichte, standardisierte Massenproduktion zurückzuführen war. "Eine wesentliche Ursache der Mehrerzeugung liegt jedoch in der höheren Ergiebigkeit der persönlichen Arbeit, gesteigert durch die Ausbildung weitgehender, maschineller Hilfseinrichtungen, besonders bei Massenherstellung."[282] Wenn es dazu eines Beweises bedurfte, wo war dieser besser zu erbringen als in den Fabriken Henry Fords, der "'revolutionär' anmutet, der uns am 'amerikanischsten' erscheint"[283]?

In Ford war für die deutschen Unternehmer das Modell für Produktivitätssteigerung schlechthin zu sehen. "Die Vereinigten Staaten haben ein Beispiel aufzuweisen, welches alle Wege zeigt, die Ergiebigkeit der Produktion auf das höchste Maß zu steigern. Das ist die Fordsche Fabrikation der Motorwagen."[284] Bei Ford konnten viele Maßnahmen der Rationalisierung vorbildhaft angetroffen werden. Die Normung oder Standardisierung hatte mit dem Einheitsfabrikat des T-Modells nahezu den Grad des Möglichen erreicht. Im Laufe der Zeit waren die Arbeitsvorgänge in immer kleinere Abschnitte zerlegt worden, die sich in wenigen Sekunden in der immer gleichen Art und Weise erledigen ließen. Auch die Entwicklung des Unternehmens zu einem großen Trust mit eigener Rohstoffgewinnung und deren Verarbeitung in Stahl- und Walzwerken und die Herstellung verschiedener Zubehörteile, die fast alle für den Autobau nötigen Teile lieferten, wurde neidisch bestaunt.[285] Wirtschaftliche Verwaltung und ein rationalisierter Vertrieb gehörten ebenso dazu wie der umfangreiche Einsatz von Maschinen, die höchste Arbeitsauslastung und

---

281 Köttgen, Amerika, S. 17.
282 Köttgen, Amerika, S. 18.
283 Tänzler, Arbeitsleben, S. 29.
284 Köttgen, Amerika, S. 31.
285 Köttgen, Amerika, S. 31 und S. 142f.

Arbeitsintensität sicherstellten.[286] Im übrigen wurde nicht ohne Zufriedenheit festgestellt, dass es den Gewerkschaften gerade bei dem von ihnen so gelobten Henry Ford trotz großer Bemühungen nicht gelungen war, "das starke Fordsche Bollwerk zu erobern."[287] Im Vordergrund stand jedoch das Verfahren, mit dem der Name Ford untrennbar verbunden war: das 'conveyor' oder Fließband.[288] Es war das Wirklichkeit gewordene Prinzip der 'efficiency'.

Der gesamte Herstellungsprozess des Motors wurde vom flüssigen Eisen bis zum fertigen Motorblock vom Fließband beherrscht. Der weitere Transport erfolgte ebenso *mit* dem Fließband wie die Zwischen- und Endmontage *an ihm* erfolgte. Es gab keine strikte Trennung mehr von Arbeit und Transport. Das Band, ob als Decken- oder Bodenconveyor konnte Arbeitsstelle und Beförderungsmittel zugleich sein, weil es genau auf den Herstellungsablauf abgestellt war.[289] "*Die Anordnung der Fabrikräume und die Verteilung der Arbeitsmaschinen und Arbeitseinrichtungen entspricht genau dem Gang der Fabrikation.*"[290] Und darin lag sein eigentlicher Nutzen. Die reine Transportzeit verringerte sich und damit auch der Raumbedarf, das Betriebskapital und die Kosten für Zwischenlager.[291] Die vielfach angeprangerte Verschlechterung der Bedingungen am Arbeitsplatz durch den 'conveyor' wie Überanstrengung und Monotonie vermochten die Wirtschaftsführer nicht auszumachen.[292]

Die so viel gepriesene fordsche Massenproduktion sollte darüber hinaus auch zum Argument werden, um den Enthusiasmus der Arbeiternehmer für die hohen Löhne, die in den USA gezahlt wurden, abzuschwächen. Die Unternehmer wussten um die Faszination, die von dem amerikanischen Lohnniveau für die Gewerkschaften in Deutschland ausging. Die Verheißung von Löhnen, die die deutschen um das vielfache übertrafen, mussten

---

286 Köttgen, Amerika, S. 140f.; Tänzler, Arbeitsleben, S. 30-32.
287 Tänzler, Arbeitsleben, S. 33.
288 Obwohl das Fließband auch in zahlreichen anderen Betrieben eingesetzt wurde; Tänzler sieht übrigens gerade in der demonstrativen Zurschaustellung des Fließbandes in den Ford-Werken eher einen Werbezweck als unbedingte technische Notwendigkeit, siehe Tänzler, Arbeitsleben, S. 44-45.
289 Tänzler, Arbeitsleben, S. 32 und S. 44.
290 Köttgen, Amerika, S. 144.
291 Köttgen, Amerika, S. 146 und S. 151f.
292 Tänzler, Arbeitsleben, S. 32f.

auf den in der deutschen Depression schaffenden Arbeiter [...] doppelt verheißungsvoll wirken und ihn mit Unmut über seine eigenen Lohnbedingungen erfüllen. Die Prüfung dieser Frage gehört deshalb mit zu den wichtigsten Problemen unserer Forschung.[293]

Und natürlich versuchten die Wirtschaftsführer zu zeigen, dass die Löhne letzten Endes nicht so hoch waren, wie es die Gewerkschaften gerne sahen. Doch auch dies gelang nur teilweise. Doch trotz aller Versuche, die Unvergleichbarkeit der verschiedenen Lohnniveaus mit statistischen Bereinigungen und Relativierungen, dem Verweis auf die teuren Lebenshaltungskosten und auf die fehlende soziale Absicherung darzulegen, konnte nicht verhehlt werden, dass die amerikanischen Löhne tatsächlich beträchtlich über den deutschen lagen.[294] Und obwohl Henry Ford in den USA genau die Kaufkrafttheorie formuliert hatte, die auch die deutschen Gewerkschaften vertraten, wollten die Unternehmer gerade mit Ford diese Theorie widerlegen. Denn diese Theorie gelte nur für einen unbegrenzten Absatzmarkt und führe zu dem Grundsatz, dass hohe Löhne, die im übrigen das Ergebnis eines knapperen Arbeitskräftereservoirs seien, über eine Steigerung der Herstellung nicht zuletzt durch produktionstechnische Verbesserungen kompensiert werden mussten. Gerade das fordsche Beispiel zeige vielmehr, dass Massenfabrikation ebenso sehr ein Ergebnis der Rationalisierung war, wie deren Bedingung.[295]

Wer immer in einem Betrieb menschliche Arbeit durch Maschinen ersetzen wollte um Löhne zu sparen, musste sicher sein, dass sich dies auch lohnte, d. h. dass der Absatz der so hergestellten Waren auch gewährleistet war. Und hier sahen die Unternehmer einen Ansatz, die freigewerkschaftliche Lohntheorie 'ad absurdum' zu führen. Ziel der Maschinisierung war die Senkung der Lohnkosten. Das amerikanische Beispiel zeigte, dass wenn die Löhne im Verhältnis zu den Maschinenpreisen höher lagen, die Umstellung auf maschinelle Fertigung auf lange Sicht rentabler sei.

---

293 Tänzler, Arbeitsleben, S. 134.
294 Tänzler, Arbeitsleben, S. 134-155, besonders S. 147f.
295 Tänzler, Arbeitsleben, S. 157f.

Es liegt auf der Hand, daß Amerika bezüglich der Einführung maschineller Arbeit im Vorteil ist; die dreieinhalbfachen Löhne (für gute Facharbeiter noch höhere) bei nur zweifachen Maschinenpreisen sind schneller herausgewirtschaftet als bei uns.[296]

Und als erste Warnung an die Gewerkschaften und ihre Begeisterung für die von Ford gezahlten hohen Löhne wurde hinzugefügt: "So ist es nicht verwunderlich, daß die amerikanische Technik schon seit Jahrzehnten alle Probleme unter dem Gesichtspunkt der Lohnersparnis betrachtet."[297] Denn hohe Löhne waren zweifelsfrei eine Folge neuer Herstellungsverfahren, dies galt aber auch für die im Verhältnis dazu billigeren Maschinen. Langfristig sei es billiger, Maschinen als menschliche Arbeitskraft einzusetzen.

Die Löhne in den Vereinigten Staaten liegen auf dem Dreieinhalbfachen, die Preise der Fertigprodukte auf dem Zweieinhalbfachen. [...] Hier zeigt sich der Einfluß der wirtschaftlichen Organisation und der Ausbildung maschineller Verfahren zur Ersparnis von menschlicher Arbeit durch Rationalisierung.[298]

Eine Rationalisierung der Betriebe, die immer auch Entlassungen mit einschloss, zahlte sich in den USA also gerade deswegen aus, weil die Löhne so hoch waren. So wurden die hohen Löhne paradoxerweise zu einer Folge der Rationalisierung wie zu deren Ursache. Wie die amerikanische Eisen- und Stahlindustrie eindrucksvoll demonstrierte, bildeten sie den Anreiz für die Unternehmer, die teure Arbeitskraft durch Maschinen zu ersetzen. Und gerade hierfür gaben sie ein gutes Beispiel auch für die deutsche Industrie ab. Die Absicht, vor kräftigen Lohnerhöhungen zu warnen, wie sie die Gewerkschaften forderten, wurde hinter der noch etwas verhaltenen Drohung jedenfalls deutlich, wenn darauf hingewiesen wurde, dass

die Amerikaner alles [taten], um der hohen Löhne wegen die für den Betrieb der Stahl- und Walzwerke nötige Belegschaft zu verringern. Die Transportvorrichtungen [...] wurden nach Möglichkeit verbessert. Auch die deutsche

---

296 Köttgen, Amerika, S. 30.
297 Köttgen, Amerika, S. 30.
298 Köttgen, Amerika, S. 29.

Eisenindustrie hat diesen Weg beschritten. Auch bei uns sind die Transportvorrichtungen weitgehend durchgebildet. Verbesserungen finden immer noch statt.[299]

Der 'Fordismus' mit seiner Botschaft von Massenfertigung, Produktivitätssteigerung und Gewinnmaximierung schien so der Königsweg zu wirtschaftlichem Wohlstand zu sein. Konnte mit ihm also auch der deutschen Industrie der Weg zum wirtschaftlichen Aufschwung gelingen?

Ohne Zweifel stellten die USA und Ford Vorbilder dar, denen man auch in Deutschland nachzueifern gedachte. Die Begeisterung für Henry Ford hatte soweit geführt, dass er zum herausragenden Repräsentanten der amerikanischen Industrie schlechthin wurde, der auch für Deutschland den Weg wies.[300] "Wir haben gesehen, daß drüben mancher Schritt schon getan ist, den wir noch vor uns haben. Es soll auch kräftig darauf hingewiesen werden, daß der Gedanke der Rationalisierung [...] noch viel weiter in alle Kreise der deutschen Wirtschaft eindringen muß."[301] Vor bloßer Nachahmung indes wurde ausdrücklich gewarnt. Zu sehr unterschied sich die Situation in Deutschland von der in den USA. Gerade das Beispiel Fords führte dies vor Augen. Ford verkörperte eine Form des Unternehmerpatriarchen, wie sie den modernen Führungsstrukturen von Großunternehmen nicht mehr angemessen schien. Er hatte sich auf ein spezielles Produkt konzentriert, dessen allgemeiner Durchbruch in Deutschland nicht so schnell zu erwarten war; vor allem jedoch wurde dieses Produkt für einen "besonders ausbaufähigen Absatzmarkt"[302] produziert. In Deutschland hingegen war die Auftragslage beträchtlichen Schwankungen unterworfen, sodass die volle Auslastung der Kapazitäten nicht immer gewährleistet war. Weil fließende Fertigung sich aber am Maximum ausrichtet, musste bei ungünstiger Auftragslage eine Neuorganisation der Arbeit erfolgen, deren oberstes Ziel gerade nicht die Maximierung der Produktivität war, weshalb darauf hingewiesen wurde, dass auch der vertikale Aufbau des Ford-Unternehmens sich unter den Bedingungen verminderten Absatzes erst noch beweisen musste.[303] Während in den

---

299 Köttgen, Amerika, S. 40.
300 Tänzler, Arbeitsleben, S. 29.
301 Köttgen, Amerika, S. 46.
302 Tänzler, Arbeitsleben, S. 30.
303 Tänzler, Arbeitsleben, S. 30 und S. 158.

Ford-Werken nicht zuletzt durch das Fließband ein enorm hoher Grad der Arbeitsteilung möglich geworden war, bei der jede einzelne Operation in wenigen Sekunden verrichtet wurde, konnten solche Handgriffe in Deutschland hingegen noch mehrere Minuten in Anspruch nehmen. Dies zeigte aber nur eines: "*Ford war in jeder Beziehung ein Einzelfall.*"[304] Die deutsche Begeisterung für die Fließfertigung vergesse, dass diese nur bei Massenfertigung sinnvoll sei. Massenproduktion setze aber die Fähigkeit zum Massenkonsum voraus und genau die gebe es in Deutschland nicht.[305] Nicht niedrige Preise begünstigten die Fabrikation in Massen, vielmehr kann nur umgekehrt das billig hergestellt werden, was in großen Mengen fabriziert wird.[306] Auch andere Bedingungen fehlten. Produkte wie das Automobil konnten nur verkauft werden, wenn auch ihr Einsatz nicht zu teuer war. Der billige Sprit in den USA machte es dem Verbraucher ungleich leichter, sein Auto nicht nur zu kaufen, sondern auch wirklich zu gebrauchen, anders als in Deutschland, wo Benzin immer noch teuer war. Sowohl Anschaffung wie Betrieb setzten also eine Kaufkraft voraus, die dem deutschen Konsumenten, etwa in Form von Lohnerhöhungen, nicht zugestanden werden konnte, weil sie die ökonomische Leistungsfähigkeit überstieg; "die Kaufkraft, die der Amerikaner hat, können wir unserer Bevölkerung nicht geben."[307] So ergab sich für Deutschland gerade im Hinweis auf Ford und dessen Automobilwerke eben auch, "daß man so ein extremes Beispiel nicht als Regel, die auch für unsere europäischen und besonders für unsere deutschen Verhältnisse gilt, benutzen darf."[308] Wegen der zum Teil völlig anderen Bedingungen in den USA musste man sich "hüten, [...] seine Methoden als die für alle Verhältnisse gegebenen und richtigen anzunehmen."[309] Auch andere Vorteile, die die

---

304 Köttgen, Band, S. 104. Köttgen zeigt dabei wenig Fantasie, wenn er sich eine Zukunft nicht vorstellen kann, die von Massenproduktion und Massenverbrauch geprägt sein würde, sodass sogar das fordsche Modell selbst nicht wiederholbar sei. "Die Fordsche Entwicklung wird sich in der Welt nicht wiederholen, nicht einmal in den Vereinigten Staaten. Sie ist beispiellos [...].", siehe ders., Amerika, S. 33. Dies läßt auch darauf schließen, wie sehr das unternehmerische Denken der Zwischenkriegszeit noch von der Vorstellung eines begrenzten Marktes geformt war.
305 Köttgen, Amerika, S. 42.
306 Köttgen, Amerika, S. 34.
307 Köttgen, Amerika, S. 33.
308 Köttgen, Band, S. 124/125.
309 Tänzler, Arbeitsleben, S. 30 und S. 158.

amerikanische gegenüber der deutschen Industrie besaß, führten insgesamt zu einem nüchternen Urteil.

> Wenn hiernach auf dem Gebiete der Rationalisierung gewiß manche Anregung zu übernehmen ist, so ist doch auf der anderen Seite auf die Grundverschiedenheit der Voraussetzungen hinzuweisen, unter denen die Vereinigten Staaten auf der einen und Deutschland auf der anderen Seite arbeiten.[310]

Gerade das Vorbild Amerika zeigte, dass man auf Grund der Andersartigkeit der Verhältnisse das Niveau der USA in Sachen Arbeitsverfahren nicht würde erreichen können.[311] Was aber war dann zu tun?

Indem man neidvoll das fordsche Wunderwerk bestaunte, wurde auch die eigene missliche Lage vergegenwärtigt. Weil der 'Fordismus' eine unübertroffene Leistungsfähigkeit bedeutete, musste alles getan werden, um diesen für deutsche Verhältnisse möglich zu machen. Eine Umstellung auf amerikanische Produktionsmethoden erforderte neben einer gewissen Zeit auch umfangreiche Mittel. Und genau diese Mittel fehlten. Wenn also die Umstellung der Herstellung auf amerikanische Verfahren Kapital verlangte, so mussten eben die hierfür notwendigen Überschüsse zuerst erwirtschaftet werden. Dies ging nur mit einer Erhöhung des Arbeitspensums. Sie wurde zum Allheilmittel des wirtschaftlichen Aufschwungs.

> Mittel sind erforderlich, wenn man neue Maschinen beschaffen will, wenn man dazu übergeht, ganze Betriebe auf fließende Fabrikation umzustellen. [...] Will man neue Wirtschaftsgebilde oder Unternehmungen schaffen, die nach den besten Rationalisierungsgrundsätzen für Mengenerzeugung arbeiten sollen, dann sind wiederum Mittel, große Kapitalien notwendig. [...] Wir wissen aber, daß es zur Zeit mit der Kapitalsbildung[!] bei uns recht schlecht bestellt ist. Wenn wir wieder genügende Überschüsse wie vor dem Kriege haben sollen, dann muß mehr gearbeitet werden. Erst wenn jeder Einzelne erkennt, daß *Mehrarbeit das Primäre* ist, von dem jeder Fortschritt ausgeht, werden wir wieder gesunden.[312]

Das sollte aber nicht bedeuten, dass Rationalisierungsmaßnahmen aufgeschoben waren, bis die hierfür notwendigen Investitionen möglich wurden. Mehrarbeit und Rationalisierung sollten einander begleitende

---

310 Tänzler, Arbeitsleben, S. 47.
311 Köttgen, Amerika, S. 71.
312 Köttgen, Amerika, S. 48.

Maßnahmen sein. Wo immer es möglich war, die Arbeitsmethoden zu verbessern, sollte dies auch geschehen. Und wo dies nicht durch das Fließband ermöglicht werden konnte, musste das eben ihre deutsche Vorstufe, die fließende Fertigung übernehmen.[313] Aber auch diese Abart des 'conveyor' sollte das gewährleisten, worauf es den Unternehmern zuallererst ankam, nämlich eine Steigerung des Gewinns durch "die *Verkürzung der Bearbeitungszeiten und damit der Löhne.*"[314] Aus dem amerikanischen Ford des Fließbandes und der hohen Löhne war bei den Unternehmern der deutsche Ford der Fließfertigung und der gesenkten Lohnkosten geworden.

3.3. Die Freien Gewerkschaften

Die Stellung der Gewerkschaften hatte sich nach 1918 drastisch verändert. Mit ihrer offiziellen Anerkennung bildeten sie nicht länger einen wichtigen Teil der Opposition gegen die herrschende Ordnung, vielmehr waren sie nun aufgefordert, aktiv an der wirtschaftlichen und sozialen Ausgestaltung des neuen Staates mitzuwirken.[315] Schon bald sollte sich bei der Diskussion um die 'Wissenschaftliche Betriebsführung' die neue Rolle der Gewerkschaften erweisen. Dabei sahen sie sich mit dem Versuch Taylors konfrontiert, den Arbeitsvorgang einer umfassenden Planung und Kontrolle zu unterwerfen.[316]

Vor dem Krieg war das Taylorsystem bei den Gewerkschaften nur auf wenig Gegenliebe gestoßen, weil man dadurch eine Entseelung und geistlose Entfremdung des Arbeiters von seiner Tätigkeit befürchtete.[317] Obwohl die Gewerkschaften mit den Zielen Taylors, Lohnerhöhung durch Produktionssteigerung, übereinstimmten, sahen sie in tayloristischen Rationalisierungsprozessen vor allem Ausbeutung und Entmündigung des Arbeiters. Als Instrument der Unternehmer war Taylor vor 1918 bekämpft worden, weil dieser die genaue Analyse des Arbeitsprozesses benutzt hatten, um "die Arbeiterschaft in geradezu höllischer Weise auszu-

---

313 Köttgen, Band, S. 77f. und S. 87f.
314 Köttgen, Band, S. 122.
315 Schalldach, Rationalisierungsmaßnahmen, S. 15.
316 Wulf, Maschinenstürmer, S. 60.
317 Schalldach, Rationalisierungsmaßnahmen, S. 36.

beuten"[318]. Die Gewerkschaften hatten daraus den Schluss gezogen, dass es vor allem darauf ankomme, die wirtschaftliche und politische Ordnung zu verändern, in der taylorsche Rationalisierung wirksam werde.[319]

Nun, nach dem Krieg, mussten sich die Gewerkschaften für wirtschaftliche Fragen mehr öffnen als bisher und trugen somit nicht wenig zum Rationalisierungskonsens der Nachkriegszeit bei.[320] Im Mittelpunkt stand dabei Taylors 'Scientific Management', von dem man sich die so dringlich geforderte Steigerung der Produktivität erhoffte.[321] In Anknüpfung an das Urteil aus der Vorkriegszeit konnte das Taylorsystem auch abhängig gemacht werden von einer Umformung der Gesellschaft im sozialistischen Sinne, in der dann das taylorsche Verfahren nicht den Zweck der Ausbeutung durch den Unternehmer besaß, sondern zum Wohl der Arbeiterschaft würde eingesetzt werden.[322] Bald jedoch sah man ein, dass in der schwierigen wirtschaftlichen Situation jede Möglichkeit, die zur Steigerung der Arbeitsleistung irgend beitragen konnte, eingehend geprüft werden musste, sodass eine grundsätzliche Ablehnung arbeitstechnischer Innovationen gerade im Hinblick auf die bestehende Gesellschaftsordnung nicht mehr angebracht war.[323] Dies traf auch auf Taylor zu, über dessen Verfahrensweisen auf Grund praktischer Erfahrung kaum etwas bekannt war.[324] Die Gewerkschaften beharrten darauf, dass eine Steigerung der Produktivität auf gar keinen Fall zur rücksichtslosen Ausbeutung menschlicher Arbeitskraft führen durfte. "Der Widerstand der Arbeiter gegen das Taylorverfahren ist nicht produktionstechnischer sondern sozialpolitischer

---

318 Ohne Namen [Friedrich Olk], Das wirtschaftliche Amerika, in: *Gewerkschafts-Zeitung. Organ des Allgemeinen Deutschen Gewerkschaftsbundes* 35 (25. April 1925), S. 234-236, hier S. 234.
319 Klautke, Möglichkeiten, S. 78ff.
320 Freyberg, Rationalisierung, S. 372; Winkler, Schein, S. 467.
321 Georg Chaym, Taylorismus, in: *Sozialistische Monatshefte* 26, Bd. 54 (Januar-Juni 1920), S. 470-474, hier S. 470.
322 Zu dieser Ansicht kam noch unter dem Eindruck der Nachkriegswirren z. B. Richard Seidel, Steigerung der Produktivität durch wissenschaftliche Betriebsführung und Berufsberatung, in: *Betriebsrätezeitschrift für Funktionäre der Metallindustrie* 1 (15. Juli 1920), S. 209-214.
323 Schalldach, Rationalisierungsmaßnahmen, S. 37; Stollberg, Rationalisierungsdebatte, S. 84. Die Behauptung von James, Weltwirtschaftskrise, S. 167, der 'Taylorismus' sei eine "antigewerkschaftliche Lehre" kann angesichts der Öffnung der Gewerkschaften für dieses Verfahren so kaum noch aufrecht erhalten werden.
324 Chaym, Taylorismus, S. 473.

Art und als solcher so lange berechtigt, als die Produktivitätserhöhung mit einer Exploitationserhöhung verbunden ist."[325] Nachdem dann die sozialistischen Revolutionshoffnungen sich ohnehin zerschlagen hatten, die Erhöhung der Gütererzeugung aber nach wie vor dringlichste Aufgabe blieb, ging es darum, die taylorsche Lehre so anzuwenden, dass nachteilige Folgen, und das hieß vor allem eine Ausbeutung des Arbeiters, ausblieben. Hier offenbarte sich bereits die Ambivalenz, die die amerikanischen Methoden zur Erhöhung der Arbeitsleistung aus gewerkschaftlicher Sicht charakterisierten. Denn das amerikanische Beispiel zeigte,

> daß das Taylorsystem überall da, wo die Macht der Arbeiterschaft in den Betrieben und im Staat gering ist, ohne Rücksicht auf ihr körperliches und geistiges Wohlbefinden vom Kapitalismus in erster Linie zur Erzielung eines höheren Profits ausgenutzt wird, außer Zweifel; ebenso unzweifelhaft ist aber, daß gegenüber den früheren anarchischen, willkürlichen Arbeitsmethoden das Taylorsystem einen Fortschritt, eine höhere Stufe der technischen Entwicklung darstellt, die sich, äußerlich sichtbar, in einer Vermehrung der Produktion und in einer besseren Ausnutzung der Roh- und Kraftstoffe auswirkt.[326]

Und genau hier sahen die Gewerkschaften ihre Aufgabe. Ihr Ziel musste es sein, die Einführung neuer Arbeitsmethoden zu sichern, die eine Steigerung der Gütererzeugung verhießen, ohne dass dies auf Kosten der Arbeiter, etwa durch Überbelastung und Entfremdung von der Arbeit, geschah.[327] Dass dies kein unmögliches Unterfangen darstellte, bewies gerade Taylor, bei dem der Gegensatz zwischen Produktionssteigerung und Arbeitszeitverkürzung aufgelöst war. Auf diese Möglichkeit mussten auch die deutschen Unternehmer aufmerksam gemacht werden, denn das Ergebnis des taylorschen Arbeitsverfahren in einer Fahrradfabrik war, dass

---

325 Chaym, Taylorismus, S. 471.
326 Engelbert Graf, Die Vereinigten Staaten von Nordamerika, die Hochburg des modernen Kapitalismus, in: *Betriebsrätezeitschrift für Funktionäre der Metallindustrie* 3 (3. Januar 1922), S. 16-20, hier S. 18.
327 Wulf, Maschinenstürmer, S. 94, verwendet das treffende Bild von den "Giftzähnen", die dem Taylorsystem zu ziehen waren.

dasselbe Quantum Arbeit, welches vorher 120 Mädchen in elfstündiger Arbeitszeit fertigstellten, nun von 35 Mädchen mit je 7 Stunden 10 Minuten Arbeitszeit hergestellt wurde. Die Qualität der Arbeit war aber bedeutend besser, es kamen nicht mehr die Beschwerden vor wie früher.[328]

Die Vorteile hinsichtlich einer Steigerung der Produktion waren nicht anzuzweifeln. Wo Taylor aber nur als vorgeschobenes Argument für eine Erhöhung der Intensität, mithin der Arbeitszeit Verwendung fand, war das 'Scientific Management' nichts als eine "Scheinwissenschaft"[329]. Aufgabe der Gewerkschaften war es, dass erhöhte Effizienz der Arbeit nicht auf Kosten der Abreiterschaft erreicht wurde.

Bei der unbedingt notwendigen Erhöhung der Gütererzeugung wäre das Taylorverfahren, richtig angewandt, sicher ein überaus bedeutendes Hilfsmittel; soweit es sich auf den technischen Arbeitsvorgang beschränkt, kann überhaupt kaum etwas dagegen gesagt werden. Es ist Sache der wirtschaftlichen Arbeitsvertretung sich des Taylorismus anzunehmen.[330]

Mit dem Schutz der Arbeiter vor Ausbeutung unterstrichen die Gewerkschaften gleichzeitig ihren Anspruch, das gesamtwirtschaftliche Interesse im Blick zu haben. Denn während die Unternehmer nur auf ihren Profit schielten, schützten die Gewerkschaften zugleich die wichtigste Grundlage der deutschen Wirtschaft, die menschliche Arbeitskraft.

Während das Interesse der Volkswirtschaft an der Erhaltung ihres kostbarsten Gutes, der Arbeitskraft, die Steigerung des Arbeitsertrages lediglich durch Rationalisierung der Produktion verlangt, streben die Unternehmer in ihrem egoistischen Profitinteresse danach, dieses Ziel durch erhöhte Anspannung der Arbeitskraft zu erreichen.[331]

Gemeinsam mit den Wirtschaftsführern wollte man mögliche Formen der Taylorisierung der Betriebe besprechen, gerade weil das echte, amerikanische Taylorsystem solchen Gesichtspunkten wie Arbeitsfreude und Identi-

---

328 Th. Meier, Moderne Betriebsorganisation und Arbeitszeit, in: *Betriebsrätezeitschrift für Funktionäre der Metallindustrie* 3 (18. Februar 1922), S. 164-166, hier S. 165.
329 Tony Sender, Wissenschaftliche Betriebsorganisation und Taylorsystem, in: *Betriebsrätezeitschrift für Funktionäre der Metallindustrie* 7 (16. 1. 1926), S. 33-38, hier S. 38.
330 Chaym, Taylorismus, S. 473.
331 Braunthal, Rationalisierung, S. 215.

fikation des Arbeiters mit seinem Tun, die in Deutschland eine wichtige Rolle spielten, keine Beachtung schenkte. "Das Taylorsystem kennt keine Seele, es kennt nur die rohe physische Kraft."[332] Über die Auseinandersetzung mit dem System Taylors versuchten die Gewerkschaften, sich als die wahren oder zumindest besseren Führer der Wirtschaft und Vertreter des Allgemeinwohls zu präsentieren.

Ähnlich wie bei den Unternehmern schien Taylor mit seiner Methode insgesamt auch bei den Gewerkschaften wenig Anklang gefunden zu haben, zumal die Realisierung unter den Bedingungen der Nachkriegsinflation litt.[333] So wurden nach dem Krieg bestenfalls Empfehlungen ausgesprochen, einzelne Bestandteile seines Verfahrens "auf ihre Entwicklungsfähigkeit hin zu prüfen"[334]. Mit der präzisen Analyse von Arbeitsabläufen hatte er — auch wenn dabei die psychologische Seite des Arbeiters zu kurz kam — gezeigt, wie bedeutsam nicht nur die quantitative, vielmehr auch die qualitative Seite der Arbeit war.[335] Und er hatte damit die Grundlage zu anderen Verfahren gelegt, die die Effizienz der Arbeit beträchtlich steigern konnten.[336] Das bekannteste dieser Verfahren, das die Diskussion ab Mitte der zwanziger Jahre beherrschen sollte, war der 'Fordismus'.

Für den 'Fordismus' galt wie für das Taylorsystem, dass es sich einer exakten Definition entzog und seine Anziehungskraft aus dem Umstand gewann, dass es aus jenem Land kam, dessen ökonomische Überlegenheit es auch für Deutschland zum maßgeblichen Modell machte. Die Faszination dafür war so groß, dass damit gar die Gefahr verbunden war, dass

---

332 Jäckel, Wirtschaftsdemokratie, S. 205.
333 James, Weltwirtschaftskrise, S. 202.
334 Margarete Kaiser-Harnisch, Rezension zu: J. Ermanski, Wissenschaftliche Betriebsorganisation und Taylorsystem, Berlin 1925, in: *Die Arbeit. Zeitschrift für Gewerkschaftspolitik und Wirtschaftskunde* 2 (1926), S. 143-144, hier S. 144.
335 Kaiser-Harnisch, Rezension.
336 ADGB, Amerikareise, S. 49; Ohne Namen, Amerika, S. 234; Christian Schmitz, Henry Ford und der Sozialismus, in: *Betriebsrätezeitschrift für Funktionäre der Metallindustrie* 6 (10. Oktober 1925), S. 653-656, hier S. 655.

es genügt, daß die Schöpfer beider Systeme Amerikaner sind, um ein ehrfürchtiges Schaudern vor ihnen zu erwecken und die Stimmung zu schaffen, die die deutsche Arbeiterschaft für die Einführung neuer Ausbeutungssysteme weiterhin gefügig machen soll.[337]

Spätestens als zahlreiche Vertreter der Wirtschaft in die USA reisten, um die dortige Praxis zu studieren, war die Bedeutung des amerikanischen Modells offensichtlich. Wenn die Gewerkschaften ihren Führungsanspruch in wirtschaftlichen Fragen behaupten und auch künftig als Fürsprecher der Arbeiterschaft auftreten wollten, mussten auch sie sich über den Atlantik begeben, um die teilweise verfälschenden Darstellungen der US-Wirtschaft zu korrigieren und sich ein eigenes Bild zu machen.[338] Man wollte selbst eine Antwort auf die Frage finden, ob *"für oder gegen Ford!"*[339]

> Wollten die Gewerkschaften als Sachwalter der Arbeitskraft bei diesen Auseinandersetzungen ein beachtliches Wort aus eigener Erfahrung mitsprechen, so mussten sie selbst Vertreter nach Amerika schicken. Dies schien umso gebotener, als sie ihr Anrecht auf Beteiligung an der Führung der Wirtschaft [...] geltend gemacht hatten. Die Nützlichkeit des Studiums des wirtschaftlichen und sozialen Lebens der Gegenwart in Amerika durch *eigene* Vertreter stand somit für die Gewerkschaftsbewegung ausser Zweifel.[340]

Die oftmals einseitigen Berichte der Unternehmer galt es zu überprüfen und gegebenenfalls überzeugendere Antworten auf gewerkschaftliche Kernfragen wie Arbeitsbedingungen, Einkommen und Arbeitszeit, aber auch zum Fließband selbst zu finden. Amerika sollte vom Standpunkt des Arbeiters aus betrachtet werden.

Doch gerade weil der Einfluß der USA auf die europäische Wirtschaftsordnung von außerordentlicher Bedeutung war, durften auch die negativen Seiten nicht vergessen werden.[341] Von Gewerkschaftsseite

---

337 Braunthal, Rationalisierung, S. 214.
338 Karl Zwing, Das Amerikabuch der Gewerkschaften, in: *Gewerkschafts-Archiv. Monatsschrift für Theorie und Praxis der gesamten Gewerkschaftsbewegung* 3 (Juni 1926), S. 286-288.
339 Schmitz, Ford, S. 653.
340 ADGB, Amerikareise, S. 6.
341 ADGB, Amerikareise, S. 16.

wurde dabei hervorgehoben, dass es nicht einfach darum ging, einer vorteilhaften Entwicklung ihre Schattenseiten nachzuweisen. Vielmehr sollte dadurch gezeigt werden, wie sehr sich die Verhältnisse in den USA von denen in Deutschland unterschieden. Ein jedes Wirtschaftssystem war organischer Teil der Gesellschaft, in der es funktionierte, weswegen eine simple Übernahme einzelner Elemente in die deutsche Wirtschaft nicht sinnvoll war. Vor- und Nachteile der US-Wirtschaft abwägend, sollte der Blick für die Verschiedenheit beider Wirtschaftssysteme geschärft werden. Deshalb legten die Gewerkschaften großen Wert darauf, die Unterschiedlichkeit beider Länder zu unterstreichen, um

> den Nachweis dafür zu erbringen, dass unsere heimische Wirtschaft nicht durch geistlose Kopie, durch Nachahmung einzelner Räder der amerikanischen Produktionsmaschinerie oder durch Impfung mit amerikanischem Geist in ihrem Wesen verändert werden könnte. [...] Die Untersuchung der Gewerkschafter galt deswegen auch der Feststellung, [...] inwieweit und in welchem Sinne eine Übertragung von Produktionspraxis und Wirtschaftserkenntnis überhaupt möglich ist.[342]

Aus mehreren Gründen stieß dabei das Fließband auf besonderes Interesse. Zum einen waren gerade auf diesem Gebiet die USA am weitesten und, so schien es, am erfolgreichsten entwickelt. Das Buch des Mannes, dessen Name mit dem Fließband untrennbar verknüpft war, galt als "die revolutionärste Schrift der ganzen bisherigen Wirtschaftsliteratur" und die herausragende Rolle Henry Fords, dessen Arbeitsmethoden "in der ganzen bisherigen kapitalistischen Wirtschaft etwas ähnliches nicht an die Seite gestellt werden kann"[343], fand breite Anerkennung. Wer amerikanische Herstellungsverfahren studieren wollte, für den gab es keinen besseren Gegenstand als die Ford-Werke, war doch nichts "amerikanischer [...] als die Betriebe von Ford."[344]

Obgleich das fließende Band nur ein Teil der vielfältigen Möglichkeiten war, die Wirtschaft zu rationalisieren, so hatten gerade die Unter-

---

342 ADGB, Amerikareise, S. 17; ähnlich auch ebd., S. 29 und S. 51.
343 Fritz Tarnow, Warum arm sein? (=Gewerkschaften und Wirtschaft, Heft 3), Berlin 1928, S. 19. Auf den großen Anklang, den Ford bei den Gewerkschaften fand, verweist auch Schalldach, Rationalisierungsmaßnahmen, S. 51.
344 Franz Joseph Furtwängler, Das Ford-Unternehmen und seine Arbeiter, in: *Die Arbeit. Zeitschrift für Gewerkschaftspolitik und Wirtschaftskunde* 3 (1926), S. 184-196, hier S. 184.

nehmer die überaus wichtige Rolle, die dieses Verfahren dabei spielen konnte, erfasst. Auch hier war es für die Gewerkschaften unumgänglich geworden, sich mit dem 'conveyor' auseinanderzusetzen, wenn nicht der Industrie einfach die Initiative überlassen werden sollte. Denn gerade das Fließband wurde immer wieder als Argument der Wirtschaftsführer angeführt, um Forderungen nach Erhöhung der Arbeitsleistung durch billigere und mehr Arbeit zu unterstützen. Forderungen von Wirtschaftsführern wie Carl Köttgen, die im Band eine Möglichkeit sahen, das Arbeitstempo im ökonomischen Interesse des Betriebs festzusetzen und somit die Arbeit und den Arbeiter ganz und gar einem von der Betriebsleitung bestimmten Produktionsprozess zu unterwerfen, sollten gründlich hinterfragt und korrigiert werden. Man wollte deshalb genauer wissen, "*inwieweit die wirtschaftlichen Erfolge und im besonderen die Produktionsleistungen der Vereinigten Staaten auf praktisch angewandte Quantitätstheorie zurückzuführen sind.*"[345]

Die weitaus größte Anziehungskraft übten jedoch die in den USA gezahlten hohen Löhne aus. Auch und gerade hier konnte man sich auf Ford berufen, der ja selbst die Lohnfrage als die wichtigste aller Fragen im Wirtschaftsprozess bezeichnet hatte.[346] Die Gewerkschaften wandten sich entschieden gegen die ihrer Meinung nach einseitige Wahrnehmung amerikanischer Herstellungsverfahren durch die Industrie. Der 'Fordismus' sollte in der Auseinandersetzung mit den Wirtschaftsführern nicht widerlegt werden, sondern zeigen, welche Probleme, aber auch welche Möglichkeiten er darbot. Wer also war der Ford der Gewerkschaften?

Fraglos war das Fließband ein wichtiger Grund für die im Gegensatz zu Deutschland weitaus höhere Produktivität in den USA.[347] Die Arbeitsgeschwindigkeit der Beschäftigten in beiden Ländern unterschied sich, so denn überhaupt ein Vergleich möglich war, hingegen kaum. Die Automobilwerke in Detroit zeigten, dass "*das Arbeitstempo* [...] *nicht höher* [war] *als bei uns in Deutschland, manchmal konnte man eher feststellen, dass ruhiger gear-*

---

345 ADGB, Amerikareise, S. 33.
346 Tarnow, Warum, S. 50. Den überaus großen Anklang, den die fordschen Löhne bei den Gewerkschaften fanden, heben hervor Schalldach, Rationalisierungsmaßnahmen, S. 51f.; Freyberg, Rationalisierung, S. 372.
347 Fritz Naphtali, Der Amerikabericht deutscher Gewerkschaftsführer, in: *Die Arbeit. Zeitschrift für Gewerkschaftspolitik und Wirtschaftskunde* 6 (1926), S. 363-367, hier S. 366 f.

beitet wurde als bei uns."[348] Wenn also die amerikanische Produktivität die deutsche um ein Vielfaches übertraf, so hatte dies seinen Grund weniger in der von den Unternehmern so beklagten Arbeitsunwilligkeit der Arbeiterschaft, als in dem völlig anderen Ansatz in den USA, die Arbeitsleistung zu steigern. Dort wurde nicht wie bei den deutschen Wirtschaftsführern in erster Linie die Erhöhung des Umfangs der Arbeit hervorgehoben, sondern deren Wirkungsgrad durch eine überlegene Technik und Organisation optimiert.[349] "An die Stelle der Bemühungen um quantitative Maximalleistung ist das *Streben nach Optimalerfolgen* getreten."[350] Der vereinfachenden Forderung der Unternehmer nach Mehrarbeit antworteten die Gewerkschaften mit dem Verweis auf Möglichkeiten, die bestehende Arbeitszeit besser zu nutzen.[351] Dies meinte neben einer fortgeschrittenen Technik in besonderem Maße organisatorische Maßnahmen wie das Fließband. Mit ihm musste, um die Produktivität zu steigern, nicht länger, sondern konnte in der selben Zeit mehr gearbeitet werden. Seine umfassende Verwendung als Montage- und Zubringerband beeindruckte auch die Vertreter der Gewerkschaften.[352] Es zeigte aber auch, welche Gefahren in ihm lagen. Die Kontrolle über den gesamten Prozess der Arbeit bündelte sich in den Händen des Unternehmers, dem die Arbeitskraft der bei ihm Beschäftigten über die Bestimmung der Bandgeschwindigkeit nun nahezu willkürlich zur Verfügung stand. Und genau hier machten die Gewerkschaften auf ihre Rolle aufmerksam. Denn um den Missbrauch des 'conveyor' durch ein übermäßiges Tempo und damit eine Überbeanspruchung des Arbeiters zu verhindern, verwies man an die Adresse der Unternehmer gerichtet, darauf, dass in den Vereinigten Staaten bei der Bestimmung der Fließgeschwindigkeit ebenso wie in allen anderen Fragen der Arbeitsbedingungen die Gewerkschaften herangezogen wurden. Bei der Diskussion um den 'Fordismus' wurden die Unternehmer daran erin-

---

348 ADGB, Amerikareise, S. 40.
349 ADGB, Amerikareise, S. 51. Die Unterscheidung zwischen maximaler und optimaler Arbeitsleistung geht auf die Auseinandersetzung des russischen Arbeitswissenschaftlers Ermanski mit der 'Wissenschaftlichen Betriebsführung' zurück, siehe Sender, Betriebsorganisation, S. 34.
350 ADGB, Amerikareise, S. 49.
351 Friedrich Olk, 'Fließarbeit'. Ein Nachwort zur Allgemeinen Betriebstechnischen Tagung Leipzig 1926, in: *Gewerkschaftszeitung. Organ des Allgemeinen Deutschen Gewerkschaftsbundes* 36 (27. März 1926), S. 189-192, hier S. 189.
352 ADGB, Amerikareise, S. 53f.

nert, dass eine Neuordnung des Arbeitsprozesses nur mit der Arbeitnehmerschaft und nicht gegen diese erfolgen konnte; zugleich verband man diesen Appell mit der Warnung, dass "letzten Endes [...] für den klügeren Unternehmer das Tempo [...] ein Rechenexempel [ist], in dem die Meinung des Arbeiters eine Rolle spielt. Setzt er sie in seinen Berechnungen nicht ein, so hat er sozialen Konfliktstoff im Betrieb."[353] Nur in Übereinkunft mit einer einheitlichen und disziplinierten Arbeiterschaft wie sie die Gewerkschaftsbewegung repräsentierte, konnte ein Missbrauch zu Ungunsten der Beschäftigten verhindert und das Fließband zu beiderseitigem Vorteil gewinnbringend eingesetzt werden.[354]

Wurde Ford gemeinhin mit dem Fließband identifiziert, obwohl es auch in zahlreichen anderen Betrieben anzutreffen war, so beruhte die Faszination, die für die deutschen Gewerkschaften von ihm ausging, in einem anderen Umstand, der ihn mindestens ebenso berühmt machte: die von ihm gezahlten hohen Löhne.[355] In diesen wurde immer noch die beste Wirtschaftspolitik gesehen.[356] Diese Löhne wurden einerseits durch die vertikale Organisation der fordschen Unternehmungen möglich, sodass fast alle Rohstoffe und Zubehörteile aus eigener Produktion stammten. Zum anderen wurden sie auch durch eine erhöhte Arbeitsleistung als Ergebnis fordscher Produktionsverfahren begünstigt. Vor allen Dingen waren hohe Löhne aber dem Kampf der Gewerkschaften um eine gerechte, also bessere Bezahlung zuzuschreiben. Die offensichtliche Orientierung Fords am Tariflohn, den er immer leicht übertraf, erwies deshalb auch in diesem Punkt die Bedeutung der Gewerkschaften, denn "der Massstab aber ist der gewerkschaftlich beeinflusste Lohn"[357]. Ford war zwar gegen

---

353 ADGB, Amerikareise, S. 54/55. In diesem Zusammenhang gehört auch die Bewunderung der Gewerkschafter für die im Vergleich zu Deutschland flexiblere Betriebshierarchie. Das Verhältnis der verschiedenen Ebenen erinnerte weniger an eines zwischen Vorgesetzten und Untergebenen, denn an eine fast gleichberechtigte Mitarbeiterschaft. Zwar war auch das Ford-Werk hierarchisch organisiert, der Umgangston war aber wesentlich kameradschaftlicher. Vor allem fand das hohe Maß an Durchlässigkeit, das es einem Hilfsarbeiter ermöglichte, zum Abteilungsleiter aufzusteigen, wie es auch die Möglichkeit eröffnete, einen Ingenieur bei erwiesener Unfähigkeit zurückzustufen, besondere Hochschätzung, siehe z. B. Furtwängler, Ford, S. 188-191; Amerikareise, S. 137.
354 Furtwängler, Ford-Unternehmen, S. 191.
355 Furtwängler, Ford-Unternehmen, S. 186-188.
356 Schalldach, Rationalisierungsmaßnahmen, S. 58.
357 ADGB, Amerikareise, S. 143.

Gewerkschaften, erfüllte aber deren Forderungen.[358] Ford lehnte Verhandlungen mit den Gewerkschaften ab, allerdings — auch hier wieder eine Spitze gegen die deutschen Wirtschaftsführer — gehörte er "nicht zu denjenigen, die sich die Zerstörung oder Unterdrückung der Arbeiterorganisationen zum Ziele gesetzt haben"[359]. Insbesondere aber meinte 'Fordismus' eben nicht — oder nicht nur — die von der deutschen Industrie angestrebte Senkung der Lohnkosten. "Man sieht, dass im Gegensatz zu Deutschland die amerikanischen Rationalisierungsmethoden auch noch etwas anderes sind als Ersparnisse auf dem Lohnkonto."[360]

Der unternehmerischen Inanspruchnahme Fords als Wegbereiter der Lohnkostensenkung traten die Gewerkschaften vehement entgegen. Die Unternehmer vergaßen nämlich, dass eine mit der Einführung des Fließbandes einhergehende Produktionssteigerung eine Massenherstellung bedeute, die nur dann sinnvoll war, wenn sie auch einen Markt fand. Erst unter ähnlichen Absatzmöglichkeiten wie in den USA konnten amerikanische Arbeitsmethoden auch wirklich Früchte tragen. Solange es diese in Deutschland noch nicht gab, so bewies die Praxis, war das fordsche Fließband zum Scheitern verurteilt.[361] "Heute ist ein Ford-Betrieb nicht nur in Deutschland, sondern auch im übrigen Europa, die Fordschen Fehlschläge z. B. in Dänemark beweisen das, eine unmögliche Sache."[362] Wirklich entscheidend für eine wirtschaftliche Belebung war deshalb die Stärkung der Kaufkraft durch eine Erhöhung der Löhne. Mit Ironie und einer gehörigen Portion Sarkasmus kommentierte Fritz Tarnow, Vorsitzender des Holzarbeiter-Verbandes in seiner bekannten Schrift 'Warum arm sein?' die These der Wirtschaftsführer von der Notwendigkeit von Produktionssteigerungen in Verbindung mit niedrigen Löhnen.

> Das Wesentliche ist nicht die bisherige Steigerung der Produktions*leistungen*, sondern die Produktions*fähigkeit*. [...] Mit jedem Tage wächst und quillt der Kuchen der Güterproduktion und sucht die enge Form zu sprengen, in der wir ihn festzuhalten versuchen. Er würde uns zum Magen hineinquellen,

---

358 Furtwängler, Ford-Unternehmen, S. 195.
359 ADGB, Amerikareise, S. 142; Furtwängler, Ford-Unternehmen, S. 196.
360 ADGB, Amerikareise, S. 55.
361 Jäckel, Wirtschaftsdemokratie, S. 206.
362 Friedrich Olk, Wo steht die deutsche Rationalisierung?, in: *Die Arbeit. Zeitschrift für Gewerkschaftspolitik und Wirtschaftskunde* 1 (1926), S. 29-44, hier S. 43.

wenn wir nicht standhaft die Zähne auseinanderpreßten — tiefdurchdrungen vom Gefühl unserer Armut und der heiligen Pflicht zum Hungerleiden.[363]

Ohne eine Nachfrage, die auch befriedigt werden kann, hatte ein Anstieg der Erzeugung kaum Aussicht auf dauerhaften Erfolg. Die Rationalisierung der Arbeit nach amerikanischem Vorbild wurde nicht abgelehnt. Man sah darin vielmehr eine Chance, den Wohlstand der Arbeiterschaft anzuheben, vorausgesetzt eine gesteigerte Gütererzeugung wurde auch von einer Hebung der Kaufkraft begleitet.[364] Die Möglichkeiten, die der 'Fordismus' bot, fanden auch die Anerkennung der Gewerkschaften. Allerdings wollte man auch an dem dadurch entstandenen Ertrag beteiligt werden.

Wir anerkennen das Wort des Autokraten Henry Fords [...] :
"Alles läßt sich noch besser machen, als es bisher gemacht worden ist!"
Möge die Arbeiterschaft am Kampfe um dieses Ziel siegreichen Anteil nehmen, damit ihr und der Allgemeinheit die Segnungen einer ergiebigeren Arbeitsleistung zuteil werden![365]

Wenn das Fließband das ökonomische Volumen von Angebot und Nachfrage, Herstellung und Verbrauch vergrößern sollte, dann mussten erst die Voraussetzungen hierfür geschaffen werden.[366] Die durch das Fließband erwirkte Erhöhung des Arbeitsertrags musste von einer Steigerung der Löhne begleitet werden, war doch etwa die Rationalisierungskrise von 1926 zu einem großen Teil auf die Missachtung dieses Zusammenhangs zurückzuführen. Angesichts der Stabilität der US-Wirtschaft bewies gerade diese Krise in Deutschland, welches Gewicht einer gehobenen Kaufkraft

---

363 Tarnow, Warum, S. 33.
364 Zum Verhältnis von gewerkschaftlicher Lohnpolitik und Rationalisierung siehe Eckert, Gewerkschaften, S. 27-39.
365 Ohne Namen, Amerika, S. 236.
366 Olk, Rationalisierung, S. 43f.

zukam.[367] Der Erfolg des amerikanischen 'conveyor' wurde von einer Erhöhung der Löhne geradezu abhängig gemacht.

> Das fließende Band ist ein hilfloser Apparat, wenn es nicht angeschlossen ist an ein *fließendes Band des Absatzes*. Die ununterbrochene Reihenfolge sowohl der Gütererzeugung wie des Verbrauches stellt den *geschlossenen Wirtschaftskreis* her. Das ist das Ziel der *volkswirtschaftlichen* und die Voraussetzung für das Gelingen der allgemeinen *betrieblichen* Rationalisierung. Die fortlaufende Anpassung der Kaufkraft der breiten ist der einzige Weg, der zu diesem Ziele führt. *Und dieser Weg führt durch die Lohntüte.*[368]

Die Industrie in Deutschland hatte trotz des fordschen Beispiels immer noch nicht die Bedeutung hoher Löhne für die Konjunktur verstanden. Die deutschen Wirtschaftsführer hatten "noch immer nicht erfasst, dass die Lohn- und Preispolitik bei der Ford-Motor-Co. nicht nur ein sozialpolitischer, sondern auch ein wirtschaftspolitischer Akt war"[369], weshalb dem Beharren der Wirtschaftsführer auf niedrigen Löhnen entweder andere als rein wirtschaftliche Erwägungen zugrunde lagen oder einfach deren "engstirnige Dummheit"[370] bewies. Lohnerhöhung und Massenfabrikation bedingten sich einander, denn "raffinierte Produktionsmethoden allein machen noch keine blühende Wirtschaft."[371] Deshalb hatte die Arbeiterschaft "'Amerikanisierungen' in der Produktion"[372] auch nicht grundsätzlich zu fürchten, wohl aber musste sie sich gegen eine simple Erhöhung des Arbeitsquantums wehren, für die die Wirtschaftsführer sich zu Unrecht auf amerikanische Vorbilder beriefen.

---

367 Friedrich Olk, Rationalisierung und Arbeitsmarkt, in: *Die Arbeit. Zeitschrift für Gewerkschaftspolitik und Wirtschaftskunde* 9 (1926), S. 550-563, hier S. 550f. und S. 562f. Es gab aber auch Stimmen, die in Anlehnung an marxistische Lehren gerade Ford als Beispiel für die unüberwindbaren Gegensätze des kapitalistischen Wirtschaftssystems anführten, welche auch durch amerikanische Verfahren nicht gelöst werden konnten; vgl. Georg Decker, Rationalisierung und Fehlrationalisierung. Das neue Buch von Otto Bauer, in: *Die Arbeit. Zeitschrift für Gewerkschaftspolitik und Wirtschaftskunde* 6 (1931), S. 440-448.
368 Tarnow, Warum, S. 57.
369 Olk, Rationalisierung, S. 561.
370 Ohne Namen, Krupp oder Ford. Eine Betrachtung zum jüngsten Kampf der Schwerindustrie, in: *Betriebsrätezeitschrift für Funktionäre der Metallindustrie* 10 (26. Januar 1929), S. 49-52, hier S. 52.
371 Zwing, Amerikabuch, S. 286.
372 Naphtali, Amerikabericht, S. 367.

Die Gewerkschaften wollten keineswegs Maschinenstürmer sein, die sich technologischer Innovation widersetzten.[373] Der "deutsche Arbeiter weiß heute, daß Fließarbeit Entwicklung und Wirtschaftsnotwendigkeit ist"[374]. Vielmehr mussten damit verbundene Vorteile für den Arbeitnehmer gesichert und dieser vor negativen Folgen bewahrt werden.[375] Im Mittelpunkt der gewerkschaftlichen Debatte stand die Frage nach Nutzen und Missbrauch sowohl des 'Taylorismus' als auch des 'Fordismus'.[376] Absicht der Arbeitnehmervertreter war es, "*für die Rationalisierung der Produktion* und *gegen die Intensivierung der Arbeit*"[377] zu kämpfen.[378] Gegen die von den Unternehmern anvisierte Senkung der Selbstkosten durch Fließarbeit wollte man nichts einwenden, allerdings war dieses Ziel "für die Katz', wenn nach erfolgter Senkung, d. h. nach vollzogener Rationalisierung, die Ware nicht entsprechend billiger ist."[379] An den Gewerkschaften war es, den technischen Fortschritt "durch entsprechende soziale Sicherungen den Menschen zur Wohltat werden [zu] lassen."[380] In den Augen der Gewerkschaften barg die fordsche Produktionsweisen eine Zweideutigkeit in sich, die im Sinne der Arbeitnehmerschaft aufzulösen war.[381]

---

373 Richard Woldt, Die Stellung der Gewerkschaften zum Problem der Fließarbeit, in: *Gewerkschafts-Archiv. Monatsschrift für Theorie und Praxis der gesamten Gewerkschaftsbewegung* 3 (Mai 1926), S. 241-243, hier S. 243.
374 Olk, 'Fließarbeit', S. 189.
375 Die mit der Einführung des Fließbandes befürchteten negativen Auswirkungen sollten bekämpft, jedoch keinesfalls einfach in Kauf genommen werden, wie dies Wulf, Maschinenstürmer, S. 158, behauptet. Eine Ausnahme innerhalb der gewerkschaftlichen Position formuliert Schmitz, Ford, der die Probleme des 'Fordismus' als Probleme des kapitalistischen Systems überhaupt versteht und deshalb deren Lösung erst im Sozialismus erwartet; ebd., S. 590f.
376 Eckert, Gewerkschaften, S. 25; Brady, Rationalization, S. 327-329.
377 Braunthal, Rationalisierung, S. 217.
378 Ähnlich auch Kukuck, Einleitung, S. 38 f.
379 Olk, 'Fließarbeit', S. 190.
380 Tony Sender, Eindrücke einer Amerikareise I, in: *Betriebsrätezeitschrift für Funktionäre der Metallindustrie* 8 (19. März 1927), S. 161-164, hier S. 164. Ähnlich auch Schönhoven, Gewerkschaften, S. 153.
381 Auch Stollberg, Rationalisierungsdebatte, hebt immer wieder den ambivalenten Charakter der Rationalisierung für die gewerkschaftliche Diskussion hervor, siehe z. B. ebd., S. 91. Leider findet die Diskussion um den 'Fordismus' bei Stollberg merkwürdigerweise kaum Beachtung.

> Wenn Fordismus rasendes Band, Ueberproduktion und Desorganisation der Arbeitsmärkte bedeutet, gehört er in den Orkus. Wenn wir unter Fordismus aber die Weitertreibung einer alten wirtschaftstechnischen Entwicklung verstehen, durch die allein wirtschaftlicher und kultureller Fortschritt möglich ist, vor allem die Reorganisation unserer Arbeitsmärkte, dann müßten wir ihn erfinden, wenn er noch nicht da wäre.[382]

Der Widerspruch zwischen den so dringend erhofften Vorzügen und den befürchteten Wirkungen war aufzulösen. Die technisch-organisatorischen Vernunft Fords musste sich mit der sozialen Vernunft der Gewerkschaften verbinden.

Das wichtigste Ergebnis der gewerkschaftlichen Amerikastudie war zweifelsohne die Einsicht, "daß zur Fließarbeit und sonstiger raffinierter Technik auch solche Löhne und Gehälter gehören, die einen großen Markt verbürgen."[383] Nicht ohne Bewunderung wurde Ford von den Gewerkschaften mit seinem Lohnniveau und der freiwillig eingeführten Fünf-Tage-Woche den Unternehmern als Vorbild jener Voraussicht präsentiert, wie sie auch die wirtschaftlichen und sozialen Vorstellungen der Gewerkschaften darstellten.[384] Der Ford der Gewerkschaften, der hohe Löhne und Massenkonsum versprach, war geradezu das Gegenstück zum deutschen Unternehmer.[385] Ford war die praktische Umsetzung zentraler gewerkschaftlicher Positionen.[386] Die Berechtigung der Lohnforderungen der Arbeiter wie auch die herausragende Rolle der Gewerkschaften bei der Vertretung dieser Interessen, erwies sich an jenem Fließband, mit dem die Unternehmer die Herrschaft im Betrieb gänzlich zurückgewinnen, die Wirtschaftspolitik bestimmen und die Lohnkosten senken wollten.

---

382 Olk, Ford, S. 50.
383 Zwing, Amerikabuch, S. 286.
384 Potthoff, Gewerkschaften, S. 103. Die Behauptung von Berg, Deutschland, S. 112, die Gewerkschaften haben die amerikanische Verheißung des Massenkonsums nicht verstanden, ist nicht zutreffend. Genau das Gegenteil ist richtig, zumal ja Berg selbst die gewerkschaftliche Faszination durch eine Massenkaufkraft erkennt, siehe ebd., S. 119.
385 Eckert, Gewerkschaften, S. 42.
386 Ohne Namen, Krupp, S. 51.

4. Schluss

Die Auseinandersetzung deutscher Gewerkschafter und Wirtschaftsführer um die Konzepte des 'Fordismus' und 'Taylorismus' scheint vordergründig von einem scharfen Gegensatz geprägt gewesen zu sein, in dem die unterschiedlichen sozialen und wirtschaftlichen Interessen ihren Ausdruck fanden. Und tatsächlich konnte es kaum einen größeren Widerspruch geben als denjenigen zwischen einer Steigerung der Arbeitsintensität respektive der Verbesserung der Arbeitsleistung auf der einen Seite und der Ausbeutung menschlicher Arbeitskraft beziehungsweise Mehrarbeit auf der anderen. Galt Ford den Einen als der Prophet hoher Löhne, so war er für die Anderen die Verkörperung von Mehrleistung, Effizienz und Ersatz menschlicher Arbeitskraft durch Maschinen. Die äußerst zurückhaltende öffentliche Debatte der Unternehmer, die im Falle Fords auf dessen Lohntheorie zurückzuführen ist, die den Gewerkschaften bedeutend näher kam als den Vertretern der Industrie, unterstreicht diesen Gegensatz umso mehr.[387] Nicht nur dieser Vorbehalt gegenüber dem fordschen Modell des Massenkonsums legt die tiefen Gräben zwischen beiden Lagern offen. Denn wo diese Zurückhaltung von Seiten der Wirtschaftsführer aufgegeben wurde, diente es auch ihnen der Mobilisierung für die eigenen Belange. Der dabei wiederkehrende Verweis auf die unterschiedlichen Verhältnisse in Amerika und Deutschland, die eine einfache Nachahmung der amerikanischen Methoden nicht zuzulassen schien, wurde immer dann geltend gemacht, wenn mit einer solchen Übernahme eigene Positionen gefährdet waren. Mit der selektiven Wahrnehmung amerikanischer Herstellungsmethoden konnten die jeweiligen Interessen in der wirtschaftlichen und sozialen Krise der zwanziger Jahre geschickt unterstützt und befördert werden. Gerade der erbitterte Streit um eine angemessene Entlohnung und die Gestaltung des Arbeitsprozesses zeigt, wie Ford und Taylor für grundsätzliche Ansprüche in sozialen und ökonomischen Fragen aufgeboten werden konnten.[388]

Gerade diese durch eigene Interessen geprägte Aneignung lässt es nicht zu, eine eindeutige Unterteilung in Gegner und Befürworter von Rationalisierungsmethoden nach amerikanischem Vorbild vorzunehmen. Mit den Befürwortern der Republik waren die Anhänger von Ford und

---

387 Kleinschmidt, S. 213.
388 Winkler, Schein, S. 467ff.

Taylor jedenfalls nicht in eins zu setzen. Weder Gewerkschaften noch Wirtschaftsführer waren vorbehaltlose Anhänger von 'Fordismus' und 'Taylorismus'. Ihre Urteile entziehen sich der Polarität zwischen dem Enthusiasmus der Befürworter und der Verdammung der Gegner, die die 'Amerikanismus'-Diskussion in anderen Bereichen zu bestimmen schien.[389] Vielmehr zeigt sich in der Debatte über beide einer jener Gräben, welche die Gesellschaft der Weimarer Republik durchzog und deren Instabilität markierte. 'Fordismus' und 'Taylorismus' waren keineswegs die ideologiefreien Mittel zur Stabilisierung der Republik, sondern Ausdruck von deren Schwäche.[390] Und genau hier zeigen sich dann jene Gemeinsamkeiten, über die auch die so augenscheinlichen Differenzen nicht hinwegtäuschen können.

Beide, Unternehmer wie Freie Gewerkschaften, erkannten die überaus schwierige Lage der deutschen Wirtschaft. Übereinstimmung bestand ebenso darin, dass eine Verbesserung der Arbeitsverfahren wesentlich dazu beitragen konnte, einen Ausweg aus materieller Not und ökonomischer Krise zu weisen.[391] Die unterschiedlichen Richtungen, die dabei eingeschlagen werden sollten, zeigen zwar, dass Ford und Taylor sowohl von Seiten der Wirtschaftsführer wie auch der Gewerkschaften einer einseitigen Aufnahme anheim fielen. *Dass* man aber von diesen Konzepten einiges zu erwarten hatte, war kaum anzuzweifeln. Die Vereinigten Staaten von Amerika waren zu übermächtig, als dass die hohe innovatorische Dynamik der dort entwickelten Rationalisierungsprozesse hätte ignoriert werden dürfen. Und selbst in der Betonung, dass eine simple

---

389 Durchaus angebracht wäre eine Überprüfung dieses gängigen, aber keineswegs erwiesenen Schemas, welches einer differenzierteren Haltung in dieser Position jenseits von Begeisterung oder Verurteilung kaum Platz läßt; zu diesem Schema in der 'Fordismus' und 'Taylorismus'-Debatte vgl. Kleinschmidt, Rationalisierung, S. 208; Radkau, S. 270ff; Maier, Taylorismus, S. 188. Gleiches gilt für die 'Amerikanismus'-Debatte überhaupt. Hier stellt sich die Frage, inwiefern die Behauptung von der Dichotomie zwischen wirtschaftlich-technologischem Nacheifern und kultureller Ablehnung zwar nicht falsch, aber unvollständig ist, weil sie der Vielseitigkeit der Diskussion nicht gerecht wird; zu einer solchen Einteilung vgl. Trommler, Aufstieg, S. 666f.; Doering-Manteuffel, Dimensionen, S. 2.
390 Anders Becker, Amerikabild, S. 20f.; ders., Amerikanisierung im „Dritten Reich"? Wege und Irrwege der Moderne, in: Frank Becker, Elke Reinhardt-Becker (Hrsg.), Mythos USA. „Amerikanisierung" in Deutschland seit 1900, Frankfurt, New York 2006, S. 151-170, hier S. 152f.
391 Borchardt, Zwangslagen, S. 176.

Übertragung auf Grund der Andersartigkeit der Bedingungen in den USA nicht in Frage käme, zeigten sich beide Parteien einig. Diese ebenso anhaltende wie intensiv geführte Debatte über die fordschen und taylorschen Verfahren erweist dieselben also auch als Brennpunkte des 'Amerikanismus' der zwanziger Jahre.[392] An den unterschiedlichen Konzepten des 'Fordismus' und 'Taylorismus' zeigt sich, dass die Auseinandersetzung mit Amerika nicht losgelöst von der besonderen Situation jener Gesellschaft begriffen werden kann, in der diese Erörterung stattfand. Es zeigt sich aber auch, dass sich diese Gesellschaft ihrer Situation bewusst war und deren Veränderung anstrebte. Die Sorge um die Möglichkeiten und Grenzen der eigenen Entwicklung wurde dabei über die USA bestimmt. Amerika war die Marke, an der sich eigenes Handeln auszurichten hatte.

Dieses Urteil gilt auch dann, wenn keineswegs alle Dimensionen des Themas hier zur Sprache gebracht werden konnten. So müsste die Bedeutung von Ford und Taylor in der Krise der zwanziger Jahre auch unter anderen Gesichtspunkten, beispielsweise der betrieblichen Sozialpolitik — Stichwort: 'Wirtschaftsdemokratie' versus 'Werksgemeinschaft' — betrachtet werden. Notwendig wäre dabei insbesondere, die vielfältigen Reaktionen der Ingenieure, Arbeitswissenschaftler und Ökonomen näher zu untersuchen.[393] Im Anschluss daran wären dann Ähnlichkeiten und Unterschiede zu den Amerikanismus-Debatten in anderen Bereichen der Gesellschaft auszumachen und die Rolle, die das amerikanische Modell dabei spielte, zu erschließen.[394] Erweitert würde der Blick räumlich durch weitere internationale Vergleiche.[395] Ein solchermaßen erweiterter Blick

---

392 Doering-Manteuffel, Dimensionen, S. 4; ähnlich auch Wulf, Maschinenstürmer, S. 135.

393 Einen Überblick hierzu gibt Klautke, Möglichkeiten, S. 186ff. Über die Versuche der Ingenieure und Ökonomen, den Verteilungskampf jenseits gesellschaftlicher Fixierungen unter Berufung auf technische und wirtschaftliche Sachnotwendigkeiten zu lösen und die Schwierigkeiten, die mit diesem technokratischen Führungsanspruch verbunden waren, siehe Maier, Taylorismus, S. 198-203; zum Verhältnis von Ingenieuren und Unternehmern in den Institutionen, die die Rationalisierung fördern sollten, siehe auch Homburg, Rationalisierung, S. 273-283 und S. 672-683.

394 Amerika war auf vielfältige Weise in der Gesellschaft der zwanziger Jahre präsent. Weitere Literatur lässt sich in den eingangs genannten Überblicksdarstellungen erschließen. Zur Auseinandersetzung mit dem 'Amerikanismus' auf dem kulturellen Gebiet im Allgemeinen siehe auch kurz Peukert, Republik, S. 185-190.

395 Siehe hierzu Tilla Siegel, Thomas von Freyberg, Industrielle Rationalisierung unter dem Nationalsozialismus (=Forschungsberichts des Instituts für Sozialforschung

würde dann auch den Blick freimachen auf ein besseres Verständnis der Rolle der USA in den deutschen Gesellschaften des 20. Jahrhunderts. Dies gilt gerade auch für den Zusammenhang mit der Entwicklung nach 1945 und damit einem Zeitraum, in dem die Bedingungen für amerikanisches Wirken in Deutschland besonders günstig waren und der deshalb auch entsprechend stark unter dem Leitmotiv der 'Amerikanisierung' erforscht wurde. Zu dieser längerfristigen Verortung trägt auch die Zeit des Nationalsozialismus bei, in der sich sowohl Gegner wie auch Anhänger des 'Amerikanismus' der zwanziger Jahre in vielen Vorstellungen des nationalsozialistischen Gesellschaftsmodells wiederfinden konnten.[396] Bezüglich Ford und Taylor lässt sich dabei dasselbe Streben nach deren Einarbeitung ins Deutsche feststellen, wie sie auch für die Zeit davor kennzeichnend war – wenngleich auch unter ganz anderen gesellschaftlichen und politischen Vorzeichen.[397]

Gleichwohl vermag auch die Debatte deutscher Gewerkschafter und Wirtschaftsführer in den zwanziger Jahren wichtige Aufschlüsse über die Rolle Deutschlands als Plattform US-amerikanischen Wirkens zu liefern. Ohne die spezifische ökonomische Situation, die in Deutschland im Gefolge des Ersten Weltkrieges entstanden war und die Anforderungen, die sich dadurch auch Gewerkschaften und Wirtschaftsführern stellten, ist die Bedeutung fordscher und taylorscher Methoden sowie deren Aneignung nicht zu verstehen. Der Blick der Diskussionsparteien auf den Gegenstand war bestimmt durch den Verteilungskampf zwischen Unternehmern und Gewerkschaften. Zu diesem Blick gehörte dabei auch die Einsicht, dass Rationalisierungsmodelle US-amerikanischer Provenienz in

---

Frankfurt am Main), Frankfurt/Main, New York 1991. Sowohl Gegner wie auch Anhänger des 'Amerikanismus' der zwanziger Jahre konnten sich in vielen Vorstellungen des nationalsozialistischen Gesellschaftsmodells wiederfinden, siehe Beck, Germany, S. 255. müsste erhellt werden, inwiefern dies auch für fordsche und taylorsche Arbeitskonzepte galt. Für internationale Vergleiche siehe etwa Jaun, Management und Klautke, Möglichkeiten.

396 Beck, Germany, S. 255.
397 Siehe hierzu Rüdiger Hachtmann, "Die Begründer der amerikanischen Technik sind fast lauter schwäbisch-allemanische Menschen": Nazi-Deutschland, der Blick auf die USA und die "Amerikanisierung" der industriellen Produktionsstrukturen im "Dritten Reich", in: Alf Lüdtke, Inge Marßolek, Adelheid von Saldern (Hrsg.), Amerikanisierung. Traum und Alptraum im Deutschland des 20. Jahrhunderts, Stuttgart 1996 (=Transatlantische Historische Studien. Veröffentlichungen des Deutschen Historischen Institutes Washington, DC, Bd. 6), S. 37-66.

ihrer Andersartigkeit erkannt waren. Die Zeitgenossen wussten um die Differenz zwischen Ursprungs- und Zielort und die diskursive Beschäftigung mit amerikanischen Arbeitsverfahren verharrte dabei nicht im Zwiespalt zwischen Bejahung und Ablehnung.[398] Umgekehrt war es aber gerade die Situation der deutschen Wirtschaft nach 1918, die also solche ja auch die Voraussetzung war, diese Modelle so eingehend zu diskutieren. Erst die prekäre Situation der deutschen Wirtschaft war ja der fruchtbare Boden, auf dem der Streit um Ford und Taylor überhaupt so eingehend geführt werden konnte. Amerikanische Produktionsmethoden und deutsche Zwangslagen arbeiteten einander Hand in Hand und verweisen so, wenngleich auf ganz unterschiedliche Weise, auf gemeinsame, zumindest aber ähnliche Vorstellungen von effizienten Arbeits- und Produktionsmethoden und deren Möglichkeiten. Die Andersartigkeit Fords und Taylors und die mit diesen Namen verbundenen Versprechungen waren es ja, die die Attraktivität des amerikanischen Modells ausmachten und so dessen noch auszuhandelnder Übertragung nach Deutschland den Boden bereiteten.

Ähnliches gilt auch für den Modus der Übertragung. Ebenso wenig wie die Diskussion über amerikanische Rationalisierungsmaßnahmen entlang einer deutlichen Linie des Pro und Contra verlief, zeugt sie von der Dominanz amerikanischer Muster. Amerika war, wenngleich noch in weit schwächerer Form als nach der totalen Niederlage Deutschlands 1945 ein wichtiger Impulsgeber auf technischem, wirtschaftlichem, politischem und wissenschaftlichem Gebiet. Die Bedeutung der USA wurde immer wieder bestätigt, oft auch beschworen – nicht nur was Ford und Taylor anging. Die diskursive Verarbeitung des amerikanischen Angebotes zeigt aber auch eine kritische Aneignung eines Angebotes an, welches auf die lokalen Umstände angewiesen blieb, auf die es wirken sollte und bereits die Zeitgenossen waren sich dessen bewusst. Der Streit um Ford und Taylor war einer um einen zu leistenden Kulturtransfer, im Sinne einer Entwicklung hin zu einer bestimmten Gestalt.[399] Diese Gestalt war fähig,

---

398 Zur Faszination, welche von den USA ausging sowie zur zwiespältigen Reaktion auf eine an den Vereinigten Staaten von Amerika ausgerichteten Modernisierung siehe Radkau, Technik, S. 279 und S. 284 sowie Peukert, Republik, S. 23.

399 Doering-Manteuffel, Dimensionen, S 10: "Amerikanisierung als Modernisierung, gewiß, aber auf ein bestimmtes Modell hin." In gleichem Sinne beschreibt diesen Prozess Nolan, Visions, S. 12 und S. 70-83 zutreffend mit „Germanizing Americanism".

die deutschen Verhältnisse positiv zu beeinflussen und sollte dies im jeweiligen Sinne auch tun. Das Bewusstsein von einer noch zu erbringenden Vermittlungsleistung, die nötig sei, gerade um das Modell seine Wirkung entfalten zu lassen, zeigt umgejehrt eben auch, dass Amerika nicht von vornherein als unvereinbar mit den deutschen Verhältnissen angesehen wurde. Mochten Ford und Taylor auch anders sein, so waren sie keinesfalls gänzlich Fremde.

Vorderhand ist also eine Antwort auf die Frage nach der Amerikanisierung der Arbeit in den zwanziger Jahren im Lichte der darüber zwischen Wirtschaftsführern und Gewerkschaftern geführten Diskussion schwierig. Negativ müsste diese Antwort ausfallen, legte man einen Amerikanisierungsbegriff zugrunde, wie er für die Forschung zur entstehenden Bundesrepublik, also auf die absichtliche Beeinflussung durch die USA im Umfeld von Entnazifizierung und 'reeducation' sowie der Orientierung der Deutschen an der modernen Massengesellschaft und deren Lebensstil, Anwendung findet. Für die Wirkungsmöglichkeiten von Ford und Taylor zwischen Erstem Weltkrieg und Nationalsozialismus waren dagegen beschränkte Mittel sowie die Aufnahme und Aneignung durch die deutsche Seite maßgeblich. Offen bleiben müsste dagegen die Frage nach der Amerikanisierung der Arbeit, legte man für deren Beantwortung den tatsächlichen Erfolg zugrunde. Inwiefern überhaupt neue Methoden einer effizienteren Produktion Eingang in die deutschen Betriebe gefunden haben ist ebenso schwer auszumachen, wie deren mögliche Folgen. Der Spielraum einer umfassenden Neuordnung des Arbeitsprozesses blieb nach 1918 ohnehin immer gering. Zu bejahen wäre die Frage, wenn man der Debatte zuerkennte, dass sie Einwände, Befürchtungen und Hoffnungen formuliert, die dazu beigetragen haben, spätere Realisierungen amerikanischer Produktionsmethoden anzubahnen und Reaktionen vorweggenommen zu haben, die die Auseinandersetzung mit Amerika, nicht nur in Bezug auf Methoden einer effizienten Arbeitsgestaltung, auch in der Folgezeit bestimmen sollten.

Das Perspektivische möglicher Antworten auf die im Titel gestellte Frage verweist so auf das Konzept der 'Amerikanisierung' selbst, das seine Unschärfe als Instrument der Analyse nach wie vor nicht abgelegt hat. Die Fokussierung auf die USA als Agent, der andere Gesellschaften mit den eigenen Kulturmustern beeinflussen oder durchdringen will, mag gerade für die Bundesrepublik seine Berechtigung haben, übersieht aber immer noch allzuoft den Umstand, dass Kulturtransfer nur selten über die Frage nach Übernahme oder Abwehr entschieden werden kann. Transfer, sofern er gelang, war vor allem eine Überführung in einen anderen Kontext und damit notwendigerweise immer auch ein Adaptionsprozess. So sehr die Konzentration auf die USA als Besatzungsmacht nach 1945 den Blick hin auf den Akteur und die Frage verleiten mag, wo sich dieser durchzusetzen vermochte und wo nicht, so blind muss eine solche Perspektive für die vielfältigen Formen der Anverwandlung von außen kommender, freiwillig oder erzwungenermaßen aufgenommener Einflüsse sein. Über das bloße Nachspüren des amerikanischen Originals ist dessen Wirkung nicht zu erschließen.[400]

Dies sollte umgekehrt aber auch nicht dazu verleiten, einem Amerikanisierungsbegriff Tür und Tor zu öffnen, der vor allem bei der Beschäftigung mit Literatur, Film sowie Erscheinungen der Hoch-, besonders aber der Populärkultur sehr weitläufig in Gebrauch ist und nahezu beliebig 'Amerikanisierung' als Chiffre für vermeintliche oder echte US-amerikanische Einflüsse nimmt. Einen solchen Amerikanisierungsbegriff gilt es mittels dessen genauerer Bestimmung, die ihn erst als Untersuchungsgröße fruchtbar und wertvoll machen, zu schützen. Warum dabei aber allerdings, wie vorgeschlagen, der Begriff der 'Amerikanisierung' vor allem für die entstehende Bundesrepublik Anwendung finden sollte, wäre über die bloße Konvention hinaus erst noch zu begründen. Sicher hat der Begriff gerade für die Zeit nach 1945 seine Berechtigung. Weder die Einflüsse der USA noch die Muster ihrer Rezeption sind aber auf diesen Zeitraum beschränkt. Die Gegenüberstellung einer besonders offenen Bundesrepublik gegenüber einer sich ihrer Traditionen noch sicheren Weimarer Republik läuft zumindest begrifflich ins Leere. Neben dem Schlagwort des 'Amerikanismus' als einer statischen Erscheinung deutet die damals ebenfalls geläufige 'Amerikanisierung' die Dynamik des Prozesses und das Wissen der Zeitgenossen darum auch auf sprachlicher Ebene bereits an.

---

400 Zu einer solchen Perspektive siehe Konrad H. Jarausch, Hannes Siegrist, Amerikanisierung und Sowjetisierung. Eine vergleichende Fragestellung zur deutsch-deutschen Nachkriegsgeschichte, in: Konrad H. Jarausch, Hannes Siegrist (Hrsg.), Amerikanisierung und Sowjetisierung in Deutschland 1945-1970, Frankfurt, New York 1997, S. 11-46.

Mit der Diskussion über Ford und Taylor in den zwanziger Jahren weist der Begriff der 'Amerikanisierung' zugleich über sich hinaus. Die mit dem Begriff verbundene Dynamik legt nahe, das vielfältige Wirken Amerikas in Deutschland im 20. Jahrhundert innerhalb eines größeren kulturellen Horizontes zu begreifen. Die Auseinandersetzung deutscher Wirtschaftsführer und Gewerkschafter über Rationalisierungsmethoden amerikanischer Herkunft Diskussion zeigt, dass diese Methoden mit ihrer Neuartigkeit keineswegs auch gleich fremdartig sein mussten. *Dass* überhaupt ungeachtet aller Streitpunkte im Einzeln überhaupt eine Rationalisierungsdiskussion stattfinden konnte, ist nicht nur der besonderen Situation vieler Unternehmen nach dem verlorenen Krieg geschuldet, vielmehr verweist dieser Umstand auf ähnliche Vorstellungen effizienter Arbeitsgestaltung. Erst innerhalb eines solchen ideellen Horizont konnten Ford und Taylor überhaupt aufgenommen werden. Die Grundlage für deren Diskussion war dabei — ungeachtet der jeweiligen Auslegung — die gemeinsame Überzeugung von deren Möglichkeiten.

Die Diskussion fordistischer und tayloristischer Produktionsprozesse fordert so auf, das Konzept der 'Amerikanisierung' auch begrifflich in einem größeren Horizont zu verorten. Unter dem Begriff der 'Westernisierung' haben in jüngerer Zeit Untersuchungen zur ideellen Orientierung westdeutscher Eliten nach 1945 deren transatlantischen Zusammenhänge freigelegt.[401] Ebensowenig wie die Hinwendung zu konsensliberalen Ordnungsvorstellungen war auch die Aufnahme neuer Modelle industrieller Rationalisierung nie bloße Übernahme. Die Rolle von Rationalisierungsmodellen, wie sie in Deutschland und anderen europäischen Ländern entwickelt wurden, muss an dieser Stelle sowohl mit Bezug auf deren Einfluss in den USA wie auch die Aufnahmebedingungen für Ford und Taylor in Deutschland ungeklärt bleiben. Gleichwohl aber macht die Diskussion darüber deutlich, dass Prozesse von Amerikanisierung ebenso wenig wie die von Westernisierung Einbahnstraßen waren, sondern ein Prozess der schöpferischen und aktiven Aneignung, für die, mal mehr, mal weniger, eigenes Zutun unabdingbar war. Sicher: der Einfluss der USA auf die deutsche Gesellschaft war stärker als umgekehrt, nach 1945 ohnehin noch in viel stärkerem Maße als 1918. Aber auf die Durchdringung eines anderen nationalkulturellen Kontextes durch einen anderen, bei dem das

---

401 Siehe hierzu zusammenfassend Doering-Manteuffel, Deutsche, Kap. III.

andere als ein solches erkennbar bleibt, lässt sich der Begriff der 'Amerikanisierung' nicht einschränken. Die Frage der gelungen Annäherungen an und der Wirkungsmacht von Kulturmustern ist mit dem Begriff der 'Amerikanisierung' nicht zu greifen, weil das Gelingen von Transferprozessen immer von beiden Akteuren und der dabei erbrachten Vorleistungen abhängt, sodass Fragen nach dem Ursprung des Transferierten und dabei wirkenden unterschiedlichen nationalen Eigenarten die Aufmerksamkeit einseitig auf den Ausgangspunkt richten. 'Amerikanisierung' ist also nicht als eine bloße Erscheinungsform der 'Westernisierung' zu sehen, wo die Unterschiede zwischen beiden Konzepten sich verringern.[402]

Auf die sich hier andeutende Konvergenz von 'Amerikanisierung' und 'Westernisierung' mag unterschiedlich reagiert werden. So liegt es etwa nahe, das Konzept der 'Amerikanisierung' völlig aufzugeben mit dem nicht nur aus ethnologischer Perspektive durchaus gerechtfertigten Verweis auf die Unbrauchbarkeit des Begriffes angesichts der Vielfalt und Vielschichtigkeit transnationaler Prozesse der Adaption und Neuschöpfung.[403] Dem sekundiert in historischer Sicht die Feststellung, dass 'Amerikanisierung' insofern unbrauchbar ist, als die damit verbundenen Prozesse ohnehin nur schwer von Modernisierungsphänomenen im Allgemeinen zu unterscheiden sind.[404] Angesichts einer wenngleich nicht westlichen, so doch westlich geprägten Moderne, bietet es sich an, den räumlich wie konzeptionell weiteren Begriff der 'Westernisierung' zum konzeptionellen Ausgangspunkt der Forschung zu machen. Ein solches Konzept wäre beweglich genug, um eben jener Vielfalt und Vielschichtigkeit der Erscheinungen gerecht zu werden, ohne sich auf ein bilaterales Verhältnis von

---

402 Zum Unterschied zwischen 'Amerikanisierung' und 'Westernisierung' siehe besonders Doering-Manteuffel, Deutsche, S. 15f.; zur Beschränktheit des Amerikanisierungsbegriffes siehe ebenda, S. 13.
403 Den bedenkenswerten Vorschlag, angesichts der Mannigfaltigkeit und Komplexität von Prozessen transnationaler Grenzüberschreitung und Anverwandlung den Begriff der ‚Amerikanisierung' als Ausdruck einer nationalisierenden Sichtweise aufzugeben, macht aus kulturwissenschaftlicher Sicht Kaspar Maase, 'Amerikanisierung der Gesellschaft'. Nationalisierende Deutungen von Globalisierungsprozessen?, in: Konrad H. Jarausch, Hannes Siegrist (Hrsg.), Amerikanisierung und Sowjetisierung in Deutschland 1945-1970, Frankfurt, New York 1997, S. 219-241.
404 Axel Schildt, Vom politischen Programm zur Populärkultur. Amerikanisisierung in Westdeutschland, in: Detlef Junker u. a. (Hrsg.), Die USA und Deutschland im Zeitalter des Kalten Krieges 1945-1990. Ein Handbuch, Bd. 1: 1945-1968, Stuttgart, München 2001, S. 955-965.

Aneignung oder Abwehr versteifen zu müssen. Dies bedeutete, den Atlantik als gleichsam natürlichen historischen Horizont bei der Untersuchung der in ihm wirkenden Kräfte immer schon mitzudenken. Dabei müssten auch die historischen Ursprünge eines beiden Seiten des Atlantiks umfassenden Raumes in Erinnerung gerufen werden, wie sie etwa für die Frühe Neuzeit seit einigen Jahren unter dem Signum der 'Atlantischen Geschichte' vielversprechend erforscht werden.[405] Der Streit deutscher Wirtschaftsführer und Gewerkschafter um Ford und Taylor zwischen 1919 und 1932 allein vermag es nicht, eine Entscheidung für eine dieser Optionen, sollte sie denn überhaupt nötig sein, zu treffen. In einer Zeit, die sich wieder stärker der transnationalen Dimension historischer Phänomene bewusst wird, vermag die Analyse dieses Streites aber immerhin die Richtung anzudeuten, in der mögliche Antworten liegen könnten.

---

405 Überblicke zur in Atlantischen Geschichte als Forschungskonzepte geben Bernard Bailyn, Atlantic History. Concept and Contours. Cambridge, Ma. 2005; Horst Pietschmann, Introduction: Atlantic History – History between European History and Global History, in: Horst Pietschmann (Hrsg.), Atlantic History. History of the Atlantic System 1580-1830, Göttingen 2002, S. 11 – 54.

5. Quellen- und Literaturverzeichnis

5.1. Quellen

Friedrich AEREBOE, Wirtschaft und Kultur in den Vereinigten Staaten von Nordamerika, Berlin 1930.

ALLGEMEINER DEUTSCHER GEWERKSCHAFTSBUND (ADGB) (Hrsg.), Amerikareise deutscher Gewerkschaftsführer, Berlin 1926.

Otto BASLER, Amerikanismus. Geschichte eines Schlagwortes, in: *Deutsche Rundschau* 224 (1930), S. 142-146.

Moritz Julius BONN, Geld und Geist. Vom Wesen und Werden der amerikanischen Welt, Berlin 1927.

Moritz Julius BONN, Die Kultur der Vereinigten Staaten von Amerika, Berlin 1930.

A. BRAUNTHAL, Rationalisierung der Produktion oder Intensivierung der Arbeit?, in: *Gewerkschafts-Archiv. Monatsschrift für Theorie und Praxis der gesamten Gewerkschaftsbewegung* 3 (Mai 1926), S. 213-217.

Georg CHAYM, Taylorismus, in: *Sozialistische Monatshefte* 26, Bd. 54 (Januar-Juni 1920), S. 470-474.

H. DÖLL, Amerikanismus — Schlagwort oder Richtungsimpuls?, in: *Die Tat. Monatsschrift zur Gestaltung neuer Wirklichkeit* 20 (August 1928), S. 375-381.

Viktor ENGELHARDT, Burbergs 'Reform der Fließarbeit' in: *Die Tat. Monatsschrift zur Gestaltung neuer Wirklichkeit* 20 (August 1928), S. 381-383.

Arthur FEILER, Amerika — Europa. Erfahrungen einer Reise, Frankfurt/Main 1926.

Franz Joseph FURTWÄNGLER, Das Ford-Unternehmen und seine Arbeiter, in: *Die Arbeit. Zeitschrift für Gewerkschaftspolitik und Wirtschaftskunde* 3 (1926), S. 184-196.

Fritz GIESE, Artikel 'Amerika', in: ders. (Hrsg.), Handwörterbuch der Arbeitswissenschaft, Band 1, Halle/Saale 1930, Sp. 118- 145.

Engelbert GRAF, Die Vereinigten Staaten von Nordamerika, die Hochburg des modernen Kapitalismus, in: *Betriebsrätezeitschrift für Funktionäre der Metallindustrie* 3 (3. Januar 1922), S. 16-20.

Albrecht Erich GÜNTHER, Der Amerikanismus und die Amerikanisierten, in: *Deutsches Volkstum. Monatsschrift für das deutsche Geistesleben* 11 (Juni 1929), S. 419-426.

Adolf HALFELD, Amerika und Amerikanismus. Kritische Betrachtungen eines Deutschen und Europäers, Jena 1927.

Kurt HASSERT, Die Vereinigten Staaten von Amerika als politische und wirtschaftliche Weltmacht geographisch betrachtet, Tübingen 1922.

Julius HIRSCH, Das amerikanische Wirtschaftswunder, Berlin 1926.

Arthur HOLITSCHER, Wiedersehn mit Amerika. Die Verwandlung der U.S.A., Berlin 1930.

Ernst HUHN, Kritische Bemerkungen über das 'Taylorsystem', in: Waldemar Hellmich, Was will Taylor? (=Druckschrift III des Ausschusses für wirtschaftliche Fertigung), Berlin 1919², S. 21-31.

INDUSTRIE- UND HANDELSKAMMER ZU BERLIN (Hrsg.), Die Bedeutung der Rationalisierung für das Deutsche Wirtschaftsleben, Berlin 1928.

Hermann JÄCKEL, 'Die Wirtschaftsdemokratie'. Referat gehalten auf dem Zwölften Kongreß der Gewerkschaften in Breslau, in: Protokoll der Verhandlungen des 12. Kongresses der Gewerkschaften Deutschlands (2. Bundestag des Allgemeinen Deutschen Gewerkschaftsbundes). Abgehalten in Breslau vom 31. August bis 4. September 1925, Berlin 1925, S. 202-216.

Ernst JÄCKH, Amerika und Wir. Amerikanisch-deutsches Ideen-Bündnis, Stuttgart 1929.

Hans A[rno] JOACHIM, Neue Romane aus Amerika, in: *Die Neue Rundschau* 9 (September 1930), S. 396-409.

Margarete KAISER-HARNISCH, Rezension zu: J. Ermanski, Wissenschaftliche Betriebsorganisation und Taylorsystem, Berlin 1925, in: *Die Arbeit. Zeitschrift für Gewerkschaftspolitik und Wirtschaftskunde* 2 (1926), S. 143-144.

Rudolf KAYSER, Amerikanismus, in: *Vossische Zeitung* 458 (27. September 1925), zitiert nach Anton Kaes (Hrsg.), Weimarer Republik. Manifeste und Dokumente zur deutschen Literatur 1918-33, Stuttgart 1983, S. 265-268.

Carl KÖTTGEN, Das wirtschaftliche Amerika, Berlin 1926.

Carl KÖTTGEN, Das fließende Band, in: Industrie- und Handelskammer zu Berlin (Hrsg.), Die Bedeutung der Rationalisierung für das Deutsche Wirtschaftsleben, Berlin 1928, S. 77-125.

Paul LANDAU, Girlkultur, in: *Westermanns Monatshefte* 845 (Januar 1927), S. 565-568.

Hermann LEVY, Die Vereinigten Staaten von Amerika als Wirtschaftsmacht, Leipzig, Berlin 1923.

Theodor LÜDDECKE, Amerikanismus als Schlagwort und Tatsache, in: *Deutsche Rundschau* 56 (März 1930), S. 214-221.

Theodor LÜDDECKE, Das amerikanische Wirtschaftstempo als Bedrohung Europas, Leipzig 1925.

Charlotte LÜTKENS, Die Amerikalegende, in: *Sozialistische Monatshefte* 38, Bd. 75 (Januar-Juni 1932), S. 45-50.

Charlotte LÜTKENS, Staat und Gesellschaft in Amerika. Zur Soziologie des amerikanischen Kapitalismus, Tübingen 1929.

Th. MEIER, Moderne Betriebsorganisation und Arbeitszeit, in: *Betriebsrätezeitschrift für Funktionäre der Metallindustrie* 3 (18. Februar 1922), S. 164-166.

Heinrich MÜLLER, Die Amerikanisierung Europas, in: *Allgemeine Rundschau. Wochenschrift für Politik und Kultur* 17 (30. Oktober 1920), S. 510-511.

W. MÜLLER, Soziale und technische Wirtschaftsführung in Amerika. Gemeinschaftsarbeit und sozialer Ausgleich als Grundlage industrieller Höchstleistung, Berlin 1926.

Fritz NAPHTALI, Der Amerikabericht deutscher Gewerkschaftsführer, in: *Die Arbeit. Zeitschrift für Gewerkschaftspolitik und Wirtschaftskunde* 6 (1926), S. 363-367.

Friedrich OLK, 'Fließarbeit'. Ein Nachwort zur Allgemeinen Betriebstechnischen Tagung Leipzig 1926, in: *Gewerkschaftszeitung. Organ des Allgemeinen Deutschen Gewerkschaftsbundes* 36 (27. März 1926), S. 189-192.

Friedrich OLK, Ford und wir, in: *Gewerkschafts-Zeitung. Organ des Allgemeinen Deutschen Gewerkschaftsbundes* 37 (22. Januar 1927), S. 48-50.

Friedrich OLK, Wo steht die deutsche Rationalisierung?, in: *Die Arbeit. Zeitschrift für Gewerkschaftspolitik und Wirtschaftskunde* 1 (1926), S. 29-44.

Friedrich OLK, Rationalisierung und Arbeitsmarkt, in: *Die Arbeit. Zeitschrift für Gewerkschaftspolitik und Wirtschaftskunde* 9 (1926), S. 550-563.

PROTOKOLL DER VERHANDLUNGEN DES 12. KONGRESSES DER GEWERKSCHAFTEN DEUTSCHLANDS (2. Bundestag des Allgemeinen Deutschen Gewerkschaftsbundes). Abgehalten in Breslau vom 31. August bis 4. September 1925, Berlin 1925.

Alfred RÜHL, Vom Wirtschaftsgeist in Amerika, Leipzig 1927.

Max RYCHNER, Amerikanisierung Europas?, in: *Die Neue Rundschau* 9 (September 1928), S. 225-235.

Christian SCHMITZ, Henry Ford und der Sozialismus, in: *Betriebsrätezeitschrift für Funktionäre der Metallindustrie* 6 (10. Oktober 1925), S. 653-656.

Tony SENDER, Eindrücke einer Amerikareise I, in: *Betriebsrätezeitschrift für Funktionäre der Metallindustrie* 8 (19. März 1927), S. 161-164.

Tony SENDER, Wissenschaftliche Betriebsorganisation und Taylorsystem, In: *Betriebsrätezeitschrift für Funktionäre der Metallindustrie* 7 (16. 1. 1926), S. 33-38.

Wilhelm STAPEL, Haben wir etwas gegen Amerika?, in: *Deutsches Volkstum. Monatsschrift für das deutsche Geistesleben* 11 (April 1929), S. 301-304.

W[illiam] T[homas] STEAD, Die Amerikanisierung der Welt, Berlin 1902.

Fritz TÄNZLER, Aus dem Arbeitsleben Amerikas. Arbeitsverhältnisse, Arbeitsmethoden und Sozialpolitik in den Vereinigten Staaten von Amerika, Berlin 1927.

Fritz TARNOW, Warum arm sein? (=Gewerkschaften und Wirtschaft, Heft 3), Berlin 1928.

Richard WOLDT, Die Stellung der Gewerkschaften zum Problem der Fließarbeit, in: *Gewerkschafts-Archiv. Monatsschrift für Theorie und Praxis der gesamten Gewerkschaftsbewegung* 3 (Mai 1926), S. 241-243.

Stefan ZWEIG, Die Monotonisierung der Welt, in: *Berliner Börsen-Courier* 53 (1. Februar 1925), zitiert nach Anton Kaes (Hrsg.), Weimarer Republik. Manifeste und Dokumente zur deutschen Literatur 1918-33, Stuttgart 1983, S. 268-273.

Karl ZWING, Das Amerikabuch der Gewerkschaften, in: *Gewerkschafts-Archiv. Monatsschrift für Theorie und Praxis der gesamten Gewerkschaftsbewegung* 3 (Juni 1926), S. 286-288.

OHNE NAMEN [Friedrich Olk?], Das wirtschaftliche Amerika, in: *Gewerkschafts-Zeitung. Organ des Allgemeinen Deutschen Gewerkschaftsbundes* 35 (25. April 1925), S. 234-236.

OHNE NAMEN, Krupp oder Ford. Eine Betrachtung zum jüngsten Kampf der Schwerindustrie, in: *Betriebsrätezeitschrift für Funktionäre der Metallindustrie* 10 (26. Januar 1929), S. 49-52.

5.2. Literatur

Bernard BAILYN, Atlantic History. Concept and Contours. Cambridge, Ma. 2005.

Earl R. BECK, Germany Rediscovers America, Tallahassee/Fl. 1968.

Frank BECKER, Amerikabild und „Amerikanisierung" im Deutschland des 20. Jahrhunderts, in: Frank Becker, Elke Reinhardt-Becker (Hrsg.), Mythos USA. „Amerikanisierung" in Deutschland seit 1900, Frankfurt, New York 2006, S. 19-47.

Frank BECKER, Amerikanisierung im „Dritten Reich"? Wege und Irrwege der Moderne, in: Frank Becker, Elke Reinhardt-Becker (Hrsg.), Mythos USA. „Amerikanisierung" in Deutschland seit 1900, Frankfurt, New York 2006, S. 151-170.

Frank BECKER, Elke Reinhardt-Becker (Hrsg.), Mythos USA. „Amerikanisierung" in Deutschland seit 1900, Frankfurt, New York 2006.

Peter BERG, Deutschland und Amerika 1918-1929. Über das deutsche Amerikabild der zwanziger Jahre (=Historische Studien, Heft 385), Lübeck, Hamburg 1963.

Volker R. BERGHAHN, The Americanisation of West German Industry 1945-1973, Leamington Spa, New York 1986.

Fritz BLAICH, Staatsverständnis und politische Haltung der deutschen Unternehmer 1918-1930, in: Karl Dietrich Bracher, Manfred Funke, Hans-Adolf Jacobsen (Hrsg.), Die Weimarer Republik 1918-1933. Politik — Wirtschaft — Gesellschaft, Bonn 1988², S. 158 f.

Jürgen BÖNIG, Technik und Rationalisierung in Deutschland zur Zeit der Weimarer Republik, in: Ulrich Troitzsch, Gabriele Wohlauf (Hrsg.), Technik-Geschichte. Historische Beiträge und neuere Ansätze, Frankfurt/Main 1980, S. 390-419.

Karl Dietrich BRACHER, Manfred FUNKE, Hans-Adolf JACOBSEN (Hrsg.), Die Weimarer Republik 1918-1933. Politik — Wirtschaft — Gesellschaft, Bonn 1988².

Robert Alexander BRADY, The Rationalization Movement in German Industry. A Study in the Evolution of Economic Planning, Berkeley, Cal. 1933 (Nachdruck New York 1974).

Knut BORCHARDT, Wirtschaftliche Ursachen des Scheiterns der Weimarer Republik, in: ders., Wachstum, Krisen, Handlungsspielräume der Wirtschaftspolitik. Studien zur Wirtschaftsgeschichte des 19. und 20. Jahrhunderts (=Kritische Studien zur Geschichtswissenschaft, Band 50), Göttingen 1982, S. 183-205.

Knut BORCHARDT, Zwangslagen und Handlungsspielräume in der großen Weltwirtschaftskrise der frühen dreißiger Jahre. Zur Revision des überlieferten Geschichtsbildes, in: ders., Wachstum, Krisen, Handlungsspielräume der Wirtschaftspolitik. Studien zur Wirtschaftsgeschichte des 19. und 20. Jahrhunderts (=Kritische Studien zur Geschichtswissenschaft, Band 50), Göttingen 1982, S. 165-182.

Heinz BUDE, BERND GREINER (Hrsg.), Westbindungen: Amerika in der Bundesrepublik, Hamburg 1999, S. 16-54.

Lothar BURCHARDT, Technischer Fortschritt und sozialer Wandel. Das Beispiel der Taylorismus-Rezeption, in: Wilhelm Treue (Hrsg.), Deutsche Technikgeschichte. Vorträge vom 31. Historikertag am 24. September 1976 in Mannheim (=Studien zu Naturwissenschaft, Technik und Wirtschaft im Neunzehnten Jahrhundert, Bd. 9), S. 52-98.

Frank COSTIGLIOLA, Awkward Dominion. American Political, Economic, and Cultural Relations with Europe, 1919-1933, Ithaca, New York, London 1984.

Anselm DOERING-MANTEUFFEL, Dimensionen von Amerikanisierung in der deutschen Gesellschaft, in: *Archiv für Sozialgeschichte* 35 (1995), S. 1-34.

Anselm DOERING-MANTEUFFEL, Wie westlich sind die Deutschen? Amerikanisierung und Westernisierung im 20. Jahrhundert, Göttingen 1999.

Erich ECKERT, Die Gewerkschaften und die Rationalisierung der Wirtschaft, Diss. Freiburg 1929, o. O, o. J. [Freiburg 1929].

Wilfried FELDENKIRCHEN, Siemens 1918-1945, München, Zürich 1995.

Gerald D. FELDMAN, Irmgard Steinisch, Industrie und Gewerkschaften 1918-1924. Die überforderte Zentralarbeitsgemeinschaft (=Schriftenreihe der Vierteljahreshefte für Zeitgeschichte, Nr. 50), Stuttgart 1985.

Wolfram FISCHER, Die Weimarer Republik unter den weltwirtschaftlichen Bedingungen der Zwischenkriegszeit, in: Hans Mommsen, Dietmar Petzina, Bernd Weisbrod (Hrsg.), Industrielles System und politische Entwicklung in der Weimarer Republik. Verhandlungen des Internationalen Symposiums in Bochum vom 12.-17. Juni 1973, Düsseldorf 1974, S. 26-50.

Thomas von FREYBERG, Industrielle Rationalisierung in der Weimarer Republik. Untersucht an Beispielen aus dem Maschinenbau und der Elektroindustrie (=Forschungsberichte des Instituts für Sozialforschung Frankfurt am Main), Frankfurt/Main 1989.

Bernd GREINER, "Test the West". Über die "Amerikanisierung" der Bundesrepublik Deutschland, in: Heinz Bude, Bernd Greiner (Hrsg.), Westbindungen: Amerika in der Bundesrepublik, Hamburg 1999, S. 16-54.

Rüdiger Hachtmann, "Die Begründer der amerikanischen Technik sind fast lauter schwäbisch-allemanische Menschen": Nazi-Deutschland, der Blick auf die USA und die "Amerikanisierung" der industriellen Produktionsstrukturen im "Dritten Reich", in: Alf Lüdtke, Inge Marßolek, Adelheid von Saldern (Hrsg.), Amerikanisierung. Traum und Alptraum im Deutschland des 20. Jahrhunderts, Stuttgart 1996 (=Transatlantische Historische Studien. Veröffentlichungen des Deutschen Historischen Institutes Washington, DC, Bd. 6), S. 37-66.

Volker HENTSCHEL, Geschichte der deutschen Sozialpolitik (1880-1980). Soziale Sicherung und kollektives Arbeitsrecht, Frankfurt/Main 1983.

Peter HINRICHS, Um die Seele des Arbeiters. Arbeitspsychologie, Industrie- und Betriebssoziologie in Deutschland 1871-1945, Köln 1981.

Heidrun HOMBURG, Anfänge des Taylorsystems in Deutschland vor dem ersten Weltkrieg. Eine Problemskizze unter besonderer Berücksichtigung der Arbeitskämpfe bei Bosch 1913, in: *Geschichte und Gesellschaft. Zeitschrift für Historische Sozialwissenschaft* 4 (1978), S. 170-194.

Heidrun HOMBURG, Rationalisierung und Industriearbeit. Arbeitsmarkt, Management, Arbeiterschaft im Siemens-Konzern Berlin 1900-1939 (=Schriften der Historischen Kommission zu Berlin, Bd. 1), Berlin 1991.

Harold JAMES, Deutschland in der Weltwirtschaftskrise 1924-1936, Stuttgart 1988.

Konrad H. JARAUSCH, Hannes SIEGRIST, Amerikanisierung und Sowjetisierung. Eine vergleichende Fragestellung zur deutsch-deutschen Nachkriegsgeschichte, in: Konrad H. Jarausch, Hannes Siegrist (Hrsg.), Amerikanisierung und Sowjetisierung in Deutschland 1945-1970, Frankfurt, New York 1997, S. 11-46.

Konrad H. JARAUSCH, Hannes SIEGRIST (Hrsg.), Amerikanisierung und Sowjetisierung in Deutschland 1945-1970, Frankfurt, New York 1997.

Rudolf JAUN, Management und Arbeiterschaft. Verwissenschaftlichung, Amerikanisierung und Rationalisierung der Arbeitsverhältnisse in der Schweiz 1873-1959, Zürich 1986.

Detlef JUNKER u. a. (Hrsg.), Die USA und Deutschland im Zeitalter des Kalten Krieges 1945-1990. Ein Handbuch, Bd. 1: 1945-1968, Stuttgart, München 2001.

Egbert KLAUTKE, Unbegrenzte Möglichkeiten. 'Amerikanisierung' in Deutschland und Frankreich (1900-1933) (=Transatlantische Historische Studien. Veröffentlichungen des Deutschen Historischen Institutes Washington, DC, Bd. 14), Stuttgart 2003.

Christian KLEINSCHMIDT, Rationalisierung als Unternehmensstrategie. Die deutsche Eisen- und Stahlindustrie des Ruhrgebiets zwischen Jahrhundertwende und Weltwirtschaftskrise (=Bochumer Schriften zur Unternehmens- und Industriegeschichte, Bd. 2), Essen 1993.

Horst-A. KUKUCK, Dieter SCHIFFMANN, Einleitung, in: Herrmann Weber, Klaus Schönhoven, Klaus Tenfelde (Hrsg.), Quellen zur Geschichte der deutschen Gewerkschaftsbewegung im 20. Jahrhundert, Band 3/I: Die Gewerkschaften von der Stabilisierung bis zur Weltwirtschaftskrise 1924-1930, bearb. v. Horst-A. Kukuck, Dieter Schiffmann, Köln 1986, S. 9-80.

Alf LÜDTKE, Inge MARSSOLEK, Adelheid von SALDERN (Hrsg.), Amerikanisierung. Traum und Alptraum im Deutschland des 20. Jahrhunderts (=Transatlantische Historische Studien. Veröffentlichungen des Deutschen Historischen Institutes Washington, DC, Bd. 6), Stuttgart 1996.

Kaspar MAASE, ‚Amerikanisierung der Gesellschaft'. Nationalisierende Deutungen von Globalisierungsprozessen?, in: Konrad H. Jarausch, Hannes Siegrist (Hrsg.), Amerikanisierung und Sowjetisierung in Deutschland 1945-1970, Frankfurt, New York 1997, S. 219-241.

Charles MAIER, Zwischen Taylorismus und Technokratie. Gesellschaftspolitik im Zeichen industrieller Rationalität in den zwanziger Jahren in Europa, in: Michael Stürmer (Hrsg.), Die Weimarer Republik. Belagerte Civitas, Königstein/Taunus 1980;

Hans MOMMSEN, Dietmar PETZINA, Bernd WEISBROD (Hrsg.), Industrielles System und politische Entwicklung in der Weimarer Republik. Verhandlungen des Internationalen Symposiums in Bochum vom 12.-17. Juni 1973, Düsseldorf 1974.

Hans MOMMSEN, Klassenkampf oder Mitbestimmung. Zum Problem der Kontrolle wirtschaftlicher Macht in der Weimarer Republik (=Schriftenreihe der Otto-Brenner-Stiftung 9), Frankfurt 1978.

Hans MOMMSEN, Das Scheitern des Systems der industriellen Arbeitsbeziehungen in der Weimarer Republik, in: Helga Grebing, Hans Otto Hemmer (Hrsg.), Soziale Konflikte, Sozialstaat und Demokratie in Deutschland, Essen 1996, S. 28-40.

Mary NOLAN, Visions of Modernity. American Business and the Modernization of Germany, New York, Oxford 1994.

Dietmar PETZINA, Werner ABELSHAUSER, Zum Problem der relativen Stagnation der deutschen Wirtschaft in den zwanziger Jahren, in: Hans Mommsen, Dietmar Petzina, Bernd Weisbrod (Hrsg.), Industrielles System und politische Entwicklung in der Weimarer Republik. Verhandlungen des Internationalen Symposiums in Bochum vom 12.-17. Juni 1973, Düsseldorf 1974, S. 57-76.

Detlev J. K. PEUKERT, Die Weimarer Republik. Krisenjahre der klassischen Moderne, Frankfurt/Main 1987.

Horst PIETSCHMANN, Introduction: Atlantic History – History between European History and Global History, in: Horst Pietschmann (Hrsg.), Atlantic History. History of the Atlantic System 1580-1830, Göttingen 2002, S. 11 – 54.

Horst PIETSCHMANN (Hrsg.), Atlantic History. History of the Atlantic System 1580-1830, Göttingen 2002.

Heinrich POTTHOFF, Freie Gewerkschaften 1918-1933. Der Allgemeine Deutsche Gewerkschaftsbund in der Weimarer Republik (=Beiträge zur Geschichte des Parlamentarismus und der politischen Parteien, Bd. 82), Düsseldorf 1987, S. 102.

Ludwig PRELLER, Sozialpolitik in der Weimarer Republik, Stuttgart 1949.

Joachim RADKAU, Technik in Deutschland. Vom 18. Jahrhundert bis zur Gegenwart, Frankfurt/Main 1989.

Michael RUCK, Einleitung, in: Herrmann Weber, Klaus Schönhoven, Klaus Tenfelde (Hrsg.), Quellen zur Geschichte der deutschen Gewerkschaftsbewegung im 20. Jahrhundert, Band 2: Die Gewerkschaften in den Anfangsjahren der Republik 1919-1923, bearb. v. Michael Ruck, Köln 1985, S. 9-63.

Adelheid von SALDERN, Überfremdungsängste. Gegen die Amerikanisierung der deutschen Kultur in den zwanziger Jahren, in: Alf Lüdtke, Inge Marßolek, Adelheid von Saldern (Hrsg.), Amerikanisierung. Traum und Alptraum im Deutschland des 20. Jahrhunderts (=Transatlantische Historische Studien. Veröffentlichungen des Deutschen Historischen Institutes Washington, DC, Bd. 6), Stuttgart 1996, S. 213-244.

Elisabeth SCHALLDACH, Rationalisierungsmaßnahmen der Nachinflationszeit im Urteil der deutschen freien Gewerkschaften (=Abhandlungen des wirtschaftswissenschaftlichen Seminars zu Jena, Bd. 21, Heft 2), Diss. Jena 1929, Jena 1930.

Axel Schildt, Vom politischen Programm zur Populärkultur. Amerikanisisierung in Westdeutschland, in: Detlef Junker u. a. (Hrsg.), Die USA und Deutschland im Zeitalter des Kalten Krieges 1945-1990. Ein Handbuch, Bd. 1: 1945-1968, Stuttgart, München 2001, S. 955-965.

Michael SCHNEIDER, Höhen, Krisen und Tiefen. Die Gewerkschaften in der Weimarer Republik 1918 bis 1933, in: Klaus Tenfelde u. a., Geschichte der deutschen Gewerkschaften von den Anfängen bis 1945, Köln 1987, S. 279-446.

Michael SCHNEIDER, Unternehmer und Demokratie. Die freien Gewerkschaften in der unternehmerischen Ideologie der Jahre 1918-1933 (=Schriftenreihe der Friedrich-Ebert-Stiftung, Band 116), Bonn-Bad Godesberg 1975.

Klaus SCHÖNHOVEN, Die deutschen Gewerkschaften, Frankfurt/Main 1987.

Gesine SCHWAN, Das deutsche Amerikabild seit der Weimarer Republik, in: *Aus Politik und Zeitgeschichte* B26/86 (28. Juni 1986), S. 3-15.

Gunnar STOLLBERG, Die Rationalisierungsdebatte 1908-1933. Freie Gewerkschaften zwischen Mitwirkung und Gegenwehr, Frankfurt/Main, New York 1981.

Frank TROMMLER, Aufstieg und Fall des Amerikanismus in Deutschland, in: ders. (Hrsg.), Amerika und die Deutschen. Bestandsaufnahme einer 300jährigen Geschichte, Opladen 1986, S. 666-676.

Bernd WEISBROD, Schwerindustrie in der Weimarer Republik. Interessenpolitik zwischen Stabilisierung und Krise, Wuppertal 1978.

Heinrich August WINKLER, Von der Revolution zur Stabilisierung. Arbeiter und Arbeiterbewegung in der Weimarer Republik 1918 bis 1924 (=Geschichte der Arbeiter und Arbeiterbewegung in Deutschland seit dem Ende des 18. Jahrhunderts), Berlin, Bonn 1984.

Heinrich August WINKLER, Der Schein der Normalität. Arbeiter und Arbeiterbewegung in der Weimarer Republik 1924 bis 1930 (=Geschichte der Arbeiter und Arbeiterbewegung in Deutschland seit dem Ende des 18. Jahrhunderts), Berlin, Bonn 1985.

Hans Albert WULF, 'Maschinenstürmer sind wir keine'. Technischer Fortschritt und sozialdemokratische Arbeiterbewegung, Frankfurt/Main, New York 1987.

ibidem-Verlag
Melchiorstr. 15
D-70439 Stuttgart
info@ibidem-verlag.de

www.ibidem-verlag.de
www.ibidem.eu
www.edition-noema.de
www.autorenbetreuung.de

www.ingramcontent.com/pod-product-compliance
Lightning Source LLC
Chambersburg PA
CBHW070740230426
43669CB00014B/2519